CAMILLE LEMONNIER

La Vie Secrète

PARIS
PAUL OLLENDORFF, ÉDITEUR
28 bis, RUE DE RICHELIEU, 28 bis
1898
Droits de traduction et de reproduction réservés pour tous les pays,
y compris la Suède et la Norvège.

La Vie Secrète

DU MÊME AUTEUR

Un Mâle.
Le Mort
Thérèse Monique.
Happe-Chair.
Madame Lupar.
Ceux de la Glèbe.
Le Possédé.
Dames de Voluptés.
La Fin des Bourgeois.
Claudine Lamour.
L'Arche.
La Faute de Madame Charvet.
L'Ile Vierge.
L'Homme en Amour

CAMILLE LEMONNIER

PARIS
PAUL OLLENDORFF, ÉDITEUR
28 *bis*, RUE DE RICHELIEU, 28 *bis*
—
1898

Droits de traduction et de reproduction réservés pour tous es pays,
y compris la Suède et la Norvège.

LAODICE

LAODICE

Le monde jamais ne comprit rien à cet amour. En aimant Laodice, ce fut encore Eudore que j'aimai ; je les aimai l'un à travers l'autre sans pouvoir dire lequel j'aimais davantage ; et tous deux m'aimèrent d'une même passion amoureuse et fraternelle. C'est là une délicate nuance : l'amour ne fut pas plus vif que l'amitié ; je ne crois pas que quelqu'un ait ressenti un sentiment plus pur que moi en les aimant tous deux. Cependant, je n'aimais pas Laodice comme j'aimais mon cher Eudore. Il avait été mon ami avant que je ne devinsse celui de Laodice ; il l'avait épousée au moment où je commençais seule ment à la connaître. Comme elle était très belle, il me parut naturel qu'il eût sacrifié le lien qui nous unissait à cet autre plus fort et qui noua leurs jours. J'en souffris d'abord un peu de temps; mais quand, à mon tour, j'approchai Laodice, son charme égalisa ma peine. Je compris que, moi non plus, je n'aurais point hésité à immoler l'amitié à l'amour, et je pardonnai à Eudore, je pardonnai bien plus à Laodice le mal qu'ils m'avaient fait l'un et l'autre.

Ce fut elle qui me rappela la première; elle n'eut pas besoin de longues paroles : elle me sourit; déjà je me sentais vaincu et je lui souriais moi-même. Il me sembla que jamais je n'avais aimé autant Eudore. Il apparut; nous nous embrassâmes tendrement comme après un voyage. Et ensuite je pris la main de Laodice, je la joignis à celle d'Eudore et les tins toutes deux unies dans les miennes. Il ne nous fut pas nécessaire de parler pour nous comprendre. Un air léger d'après-midi, sous les ombrages de l'été, se mêla à la douceur de cet instant, comme le conseil subtil de vivre ensemble d'un pareil cœur charmé. Des touffes de roses fleurissaient le jardin; leur arome parfuma l'heure divine; il émanait bien plus de la présence de Laodice; et la musique frêle d'une girande sembla venir d'une région qui n'était pas sur la terre et où déjà nous avaient précédés nos âmes. Lentement le soir tomba; de son bras nu sous les dentelles, elle nous montra le ciel fleuri de roses comme le jardin. Peut-être une pensée d'éternité se mêlait à ce geste; je ne le compris pas tout de suite. Je la regardai, je regardai ensuite Eudore. Ses yeux se mouillèrent, il me tint un long temps serré contre lui. Il me dit : « Le jour ne meurt que pour renaître, ô Sosthène; et les roses du couchant sont les mêmes que celles du matin. Que notre amitié soit éternelle comme les invisibles Forces qui éternisent la vie! » A son tour, il prit la main de Laodice et la joignit à la mienne entre ses doigts; et je compris que le geste de Laodice, en nous montrant le ciel, nous avait fait voir par analogie celui qui était en nous et nous venait de la communion de nos pensées.

La beauté des choses et leur correspondance mystérieuse avec l'âme me furent rendues visibles. Je sentis s'ouvrir devant moi cette éternité qui déjà avait passé dans nos esprits : nous n'en percevons le sens qu'en le rapportant à notre désir de nous immortaliser nous-mêmes par la sympathie. Et une exaltation délicieuse m'avait envahi; ils n'étaient pas moins émus que moi; je leur disais : « O Laodice! ô Eudore! » Je ne trouvais pas autre chose à leur dire. Et ils me répondaient en m'appelant aussi par mon nom, comme si dans cette minute exquise nous nous rappelions l'un à l'autre du fond d'un nuage, perdus aux rives d'une contrée inconnue.

J'habitais non loin de la maison d'Eudore; elle était plus belle et plus vaste que la mienne; un parc l'entourait, plein de statues et de fontaines. Nous y avions passé à deux des heures qui ne s'oublient pas, en discourant sur les vérités auxquelles se rattache la destinée des hommes. L'amour alors n'avait point encore touché le cœur de mon ami; le mien lui était acquis sans partage, et nous ne parlions ni l'un ni l'autre de l'amour dans nos entretiens; il semblait que l'amitié fût le seul sentiment qui dût nous laisser constants.

Elle se réveilla plus vive à travers l'amitié de Laodice comme si, en se partageant, elle ne se fût point divisée; et il n'y eut qu'une amitié de plus qui plus tard devint de l'amour et ne parut pas avoir changé de nom. Je connus la joie de les retrouver ensemble dans la solitude des bosquets où d'abord je n'avais cherché qu'Eudore. Ils venaient à moi comme autrefois j'arrivais vers lui; nous n'avions jamais fini de nous entretenir des mêmes choses que par le passé. Elles nous intéressaient bien plus depuis que Laodice s'y intéressait elle-même; et seulement elles nous apparaissaient à présent sous un jour différent, dans une clarté qui était l'âme de Laodice.

Quand elle parlait, nous nous apercevions qu'elle ne faisait qu'exprimer des sentiments qui dormaient en nous et qui, jusqu'à ce moment, étaient restés sans voix. Nous nous regardions avec une surprise attendrie, Eudore et moi. Il me disait en souriant : « N'est-ce pas cela même, ami, que déjà nous pensions tous les deux et qui, divinement, nous tourmentait de ne pouvoir s'élucider dans la parole? » Et je disais à Laodice : « Laodice !

Eudore a raison. En vous écoutant parler, c'est comme si je nous entendais nous-mêmes, après un long silence. »

Elle eut ainsi le don charmant d'être à la fois nos deux âmes lumineuses et subtiles par ce miracle qui prolongeait la sienne en la nôtre. Nous cessâmes d'être des âmes séparées pour nous fondre dans une seule qui avait ses traits et nous ressemblait et nous semblait bien plus belle. La beauté de son corps n'était que l'image de sa beauté intérieure ; elle l'enveloppait comme une tunique transparente, comme une nue d'argent. En nous regardant au miroir de son esprit, nous croyions nous reconnaître et nous savions aussi que c'était d'elle que nous venait la clarté avec laquelle nous nous apercevions. Nous vivions dans un monde d'illusions divines qui ne nous laissait plus voir où nous cessions de sentir et de vivre l'un sans l'autre.

Quand s'allumaient les flambeaux, Eudore allait prendre aux rayons de sa bibliothèque un de ces poètes dont elle aimait entendre les vers. Tous sont beaux quand ils sont jeunes ; mais il en est de qui la jeunesse a le goût des choses éternelles ; et surtout elle aimait les poètes qui semblent avoir connu les dieux aux âges ingénus. Tantôt c'était Eudore ou moi-même qui lisais leurs strophes musiciennes comme le jet rythmique d'une eau qui s'élance et retombe au marbre des vasques. Et quelquefois elle me prenait le livre des mains, et nous ne lisions plus, et un silence plus doux que les musiques s'étendait, car alors c'était nous-mêmes que nous entendions en nous. Chacun pensait pour soi et cependant nous avions tous les trois les mêmes pensées. En nous regardant ensuite, un sourire nous venait de pleurer ensemble pour un délice profond que personne ne savait dire, et la petite onde claire à nos yeux faisait un brouillard léger où nous nous apercevions comme des Esprits.

Ces sentiments, à force de se répéter, nous communiquèrent une sensibilité si grande que par moments l'un de nous achevait la pensée que les deux autres avaient commencée et nous ne nous étonnions plus du magnétisme qui nous l'avait rendue commune. Nos âmes étaient si proches que nous ne savions plus que par nos yeux que nous étions là trois et ensuite le charme continuait quand la vie momentanément nous avait séparés.

Une nuit d'août, nous étions assis ensemble sur la terrasse ; la lune tardive se cachait encore derrière les bois ; leur masse sombre s'argentait à peine d'une lumière qui semblait plus basse que l'horizon. Les cigales, dans la tiédeur des foins, agitaient leurs cistres comme, aux antiques fêtes de la Terre, les danseuses sacrées. Et nous nous écoutions ne rien nous dire, dans le vertige charmant de l'ombre où, seules, nos âmes l'une pour l'autre demeuraient lumineuses. Il arriva que le firmament, coup sur coup, s'illumina de brèves et surnaturelles trajectoires ; une pluie d'astres ruissela sur les bois ; tout l'espace en fut ébloui, et ensuite les grands plis de la nuit s'étendirent, tandis que nos regards croyaient encore y voir palpiter un sillage de météores. Elle m'avait pris la main ; peut-être elle crut prendre celle d'Eudore ; et je sentais ses doigts vibrer dans les miens. Soudain la nuit s'ouvrit ; une courbe immense sinua, un arc de diamant comme le dessin prodigieux d'une coupole. Ce fut une éternité; un cri ne finissait pas à nos lèvres devant ce monde qui passait et ne s'arrêtait plus de mourir.

Nous fûmes pendant cette minute qui dura l'illusion d'un siècle comme ce feu même, en une vie très haute et qui se retenait de s'éteindre et qui déjà n'était plus la vie. Nous ne savions pas si nous vivions encore et, en même temps, nous nous sentions transportés d'un élan sublime au mouvement de l'univers, parmi les régions de la vie éternelle. L'étoile s'évanouit; elle parut avoir plongé par delà les cercles de la terre; et nous nous étions levés tous trois pour la suivre plus longtemps. Nous ne vîmes pas que nous nous tenions embrassés en pleurant comme si nous-mêmes nous allions mourir. Nos yeux qui encore cherchaient l'étoile, ne s'aperçurent pas de ce que faisaient nos bouches; mes lèvres rencontrèrent celles de Laodice; elle me rendit mon baiser; et ensuite Eudore le prit à ses joues. Et l'ombre était chaste autour de nous. Mais cette émotion nous avait brisés; elle défaillit; nous dûmes, en joignant nos mains, la transporter dans la maison. Je ne m'en allai qu'après qu'elle se fût endormie; je restai moi-même accablé d'une peine délicieuse comme pour un ciel rapproché et qui s'est refermé. Jamais je n'aimai autant Eudore; il me parut plus près de moi à travers le baiser de Laodice; et déjà j'aimais Laodice, je croyais encore n'aimer qu'Eudore.

Je la revis le lendemain; elle s'appuyait à son bras; tous deux longtemps m'avaient en vain cherché dans le parc; je m'étais enfoncé dans un bosquet plus ombreux, qui n'était pas celui vers lequel, d'habitude, nous menaient nos pas. Elle me tendit en souriant la main; je n'osais regarder sa bouche; et Eudore me dit qu'ils avaient tous deux pensé à moi pendant leur sommeil. « Cher Sosthène, nous étions à trois comme une même flamme brûlant d'un feu unique. Nos âmes consumées de trop s'aimer s'étaient changées en ce feu qui ne pouvait s'éteindre. » Laodice alors fit remarquer que c'était là une analogie avec le météore qui un instant avait tenu nos vies rapprochées et suspendues. « Moi aussi, Laodice, lui dis-je... » Mais la parole me manqua ; je ne sus que pleurer dans mon bonheur, et ils étaient heureux comme moi, une joie subtile brillait dans leurs regards.

Dès ce jour, mon amitié pour Eudore prit un caractère plus passionné. J'y mêlai, sans m'en apercevoir, un peu de l'amour que m'avait inspiré Laodice ; elle-même m'y encouragea en me persuadant qu'Eudore m'aimait encore plus que je ne l'aimais « N'est-ce pas là une chose naturelle, ajoutait-elle en une nuance délicate de sympathie, puisqu'il est deux à vous aimer ? » Les effusions naissaient de nos rapprochements ; en les prodiguant à mon ami, c'était à Laodice que je les rapportais ; et je ne les séparais pas dans ma pensée. J'étais malheureux loin de lui ; même auprès de Laodice, s'il demeurait trop longtemps absent, ma joie regrettait sa présence, et je ne me consolais pas non plus si Laodice tardait à m'apparaître. Il en allait ainsi d'eux-mêmes : nous n'étions heureux qu'en nous retrouvant réunis comme si, jusqu'à ce moment, une part de nous s'en fût allée et nous manquât. Nous vivions par là d'une même vie et cessions de vivre pendant le temps où nous étions séparés.

Il arriva un jour que l'occasion s'offrit pour moi d'un voyage que nous avions projeté ensemble, Eudore et moi, alors qu'il ne connaissait pas encore Laodice. De communes recherches, une égale vénération des monuments de l'antiquité nous avaient induits à penser que toutes les fouilles n'avaient point encore révélé les trésors de l'Attique. Même après que fut venue Laodice, nous continuions à nous en entretenir dans les soirs, sous la lampe. Je leur fis part de l'éventualité de mon départ ; j'étais moi-même si triste en la leur apprenant que je ne leur aurais pas autrement annoncé un malheur. A peine j'eus parlé, Eudore pâlit affreusement, et les larmes montèrent aux yeux de Laodice. « N'avons-nous vécu d'un si constant attachement, me dit-elle, que pour nous perdre si tôt ? Il se peut, Sosthène, que vous ne reveniez jamais d'un si lointain voyage... D'autres amitiés auront pour vous un charme qui vous fera oublier celui qui vous retenait auprès de nous. » Eudore, ne pouvant maîtriser plus longtemps sa douleur, s'était retiré dans une pièce voisine ; il n'osait se faire à l'idée de l'absence et à la fois se défendait de peser sur ma résolution.

Laodice, d'une voix basse, entrecoupée par les pleurs, me dit encore : « Si l'affliction d'un ami, ô Sosthène, ne suffit à vous faire demeurer, pensez à celle... » Elle ne put achever et je compris qu'elle m'aimait... « O Laodice, chère Laodice, m'écriai-je, j'eusse été bien plus à plaindre moi-même. Allez dire à Eudore que je préfère l'amitié qui me fit découvrir le bonheur à toutes les autres découvertes auxquelles l'amitié n'aurait point de part. » Elle me pressa dans ses bras comme l'eût fait Eudore lui-même ; et l'amitié et l'amour me payèrent de leur être resté fidèle dans un moment où je fus si près de leur manquer.

Jamais je ne songeai à posséder cette admirable femme ; j'aurais trop cruellement ressenti un tel outrage à l'amitié qui me l'avait donnée. Je la possédai bien mieux en ne cessant de mériter la confiance d'Eudore. Luimême, je l'appris un jour, afin de conserver la mienne, consentit à demeurer pour Laodice un amant qui ne se réclamait d'aucun privilège. J'eus ainsi toute l'âme de Laodice et cette âme était aussi celle d'Eudore.

OMBRES AMOUREUSES

OMBRES AMOUREUSES

A Octave Uzanne.

Oh! c'est une étrange et triste histoire, dit le vieillard, une histoire qui n'a pas de nom, comme celui et celle pour qui elle fut la vie, pour qui aussi elle fut la mort. Il ne sut jamais de quel nom la nommer; quand le temps vint où il eût pu l'appeler d'un nom de femme, il était trop tard, et probablement elle ne connut pas davantage le nom qu'il portait, en sorte qu'ils restèrent toujours l'un pour l'autre, à travers un extraordinaire amour, deux êtres qui ne s'étaient jamais vus et qui peut-être ne cessèrent de se demeurer inconnus qu'après la mort, si toutefois il est par delà une patrie où finit l'exil des âmes et où, en se rejoignant, elles peuvent enfin se reconnaître. Ils eurent cette mélancolique destinée de s'être compris sans s'être jamais parlé, à travers de tels espaces qu'ils auraient pu tout aussi bien s'aimer des confins d'un monde à l'autre et que la distance qui sépare les étoiles aux profondeurs du firmament n'eût pas été plus grande que les intervalles qui toujours séparèrent leurs deux existences. Ils vécurent et s'aimèrent à travers le mystère; ils furent l'un pour l'autre le songe d'un hymen qui ne s'accomplit qu'en eux-mêmes et qui demeura sans réalisation terrestre.

Pourtant il n'exista entre eux qu'une cloison de pierre, si frêle qu'un coup de pic en eût eu raison. Mais les événements sont dans la main d'un providentiel ouvrier qu'on ne sait pas. Lui seul eût pu abolir la barrière derrière laquelle leurs âmes aspiraient à se fondre et il n'apparut jamais. Ils restèrent des amants qui acceptent d'être fidèles et constants jusqu'à la mort sans avoir échangé les paroles qui scellent le mystique anneau des fiançailles du cœur. Ils se passèrent aux doigts, d'un secret et tacite consentement, un anneau d'ombre, et tous deux ne furent l'un pour l'autre que des ombres. Le prêtre un jour arriva pour les Suprêmes secours; il y avait des cierges sur la table; il y avait un pâle visage sans vie dans les draps du lit. Et puis, à quelque temps de là, le prêtre revint dans la maison voisine; il y avait là également deux cierges; il y avait là aussi un visage expiré. Et ils ne connurent point d'autres sacrements, ils furent ainsi mariés dans la mort. Vous voyez bien que c'est une étrange et triste histoire.

La vie singulièrement mêle l'ironie à la tristesse. Une simple épaisseur de briques sépara leur grand amour et fut cause que celui qui restait ne put survivre à celle qui, la première, était partie. Elle n'avait pas de nom dans son cœur; elle était pour lui la vie, et, quand elle s'en alla, ce fut sa vie qui, avec elle, descendit au tombeau; il la suivit comme si ensemble, bien que séparés, ils n'avaient eu qu'un même souffle de vie. Rien qu'un mur cependant, la grossière réalité d'un peu d'argile séchée au soleil; elle les mura vivants dans le mystère; elle mit entre eux la rigidité des parois d'une tombe. Celle où, séparément, mais peut-être subtilement réunis en esprit, ils allèrent dormir ne fut ni plus secrète ni plus absolue.

Ces choses ne seront comprises que des âmes inquiètes de tout l'inexplicable qui nous entoure; elles ne pourront émouvoir les autres qui ne s'en rapportent qu'aux évidences tangibles. Pour celles-là seulement, la réalité n'est qu'une des formes décevantes de l'Incognoscible et complique, au lieu de l'élucider, le dessein mystérieux qui nous voile le sens caché des apparences. Un mur peut n'être que la cause des joies et des douleurs départies aux existences qui se dérobent derrière lui. Il fut ici tout le symbole des deux destinées qu'il servit à disjoindre, il fut la destinée même de deux âmes tendres vouées à vivre et à mourir séparées.

O de quel effroi il m'en parlait, aux heures testamentaires où le cœur, se sentant fragile et toujours si près de se rompre, aspire à s'éterniser dans la confidence qui en libère les silences accumulés! Avec quels tressaillements d'angoisses, quelles certitudes que la pierre était faite de son âme vive et de ses moelles il l'évoquait, l'amie qui toujours demeura sans nom pour l'autre part d'elle-même! Il sentait bien que rien n'eût servi de le percer, ce mur, en supposant qu'une telle chose eût été possible, puisque ce mur était l'image de leur vie, puisque, après celui-là, ils en auraient pu rencontrer un autre que nul foret n'eût pu vriller.

Ce ne fut qu'à la longue toutefois qu'il parut se résigner à cette destinée de n'être qu'une ombre pour une autre ombre, car, si faible et si timide, si blotti en lui-même que s'attestât ce frileux et doux esprit, il avait eu ses heures d'impatience et de révolte où il voulut connaître Celle qui jamais ne devait lui apparaître et devait expirer avec son visage d'inconnue. Il était plus jeune alors, bien que les ennuis d'une jeunesse solitaire, dans une maison taciturne où régnait l'humeur despotique d'un beau-père, eussent avancé pour lui la maturité au point qu'à trente ans il ressemblait déjà à un vieillard. Ce fut vers cet âge qu'à des signes qu'il ne comprit pas tout d'abord et qu'une tenace et passionnée clairvoyance élucida à la longue, se révéla la présence de l'obscure amante que rien plus que son absence même n'eût pu lui rendre présente. Le frôlement d'une robe ouïe à de certains moments, la légère et fine musique d'un tissu soyeux fut l'initiation à cette présence. Une femme amie du silence vivait comme en rêve de l'autre côté de la paroi ; il ne savait quelle femme, mais il la conjectura comme lui désabusée et triste, finissant de vivre dans le regret de n'avoir point vécu.

Jamais il n'entendait le son de sa voix, soit qu'elle n'eût personne à qui parler, soit que, dans l'excès d'une sensibilité maladive, elle eût peur d'entendre le bruit de son âme à ses lèvres. Elle fut ainsi doublement le mystère, puisqu'elle resta pour lui la muette à la fois et l'invisible, et cependant il la vit et l'entendit bien mieux à travers cet effacement de sa personne que si elle se fût matériellement révélée à son sens. Mais vers le soir, quelquefois, les délicates et mourantes résonnances d'un clavecin s'ébruitaient. Elles lui apportaient des airs dont sa jeunesse à lui-même avait été bercée et il les accompagnait en sourdine sur le violon que, depuis des ans, il avait délaissé et duquel il se remit à jouer pour être plus près d'elle. Oh! des mois aussi s'étaient écoulés avant qu'il s'enhardît à cette témérité, avant qu'il osât lui faire entendre, à défaut de sa voix, cette voix des autres qui, après tout, était encore la sienne, puisqu'il y faisait passer son âme.

Elle sembla, dans les commencements, ne pas la reconnaître, cette âme qui était cependant la seule chose qu'elle devait connaître de son mystérieux ami. Pendant des semaines le clavecin se tut; quand il reprit, on eût dit l'aveu timide d'une sympathie qui hésite à s'exprimer, tant les notes s'alanguissaient sous le frôlement à peine des mains, et ce fut encore là, de la part de cette muette, comme une musique où une vie se meurt de n'oser se communiquer. Le silence, pour ces deux êtres prédestinés à rester l'un pour l'autre silencieux, fut si bien la condition même de leur vie qu'ils ne s'entendirent vraiment qu'à travers le silence. Avec le temps, ils devinèrent qu'en évitant tout autre moyen de se connaître, ils vivaient comme seulement il leur était permis de vivre l'un pour l'autre. Et le silence de l'un répondait au silence de l'autre ; ils s'écoutaient ne se rien dire et se comprenaient comme s'ils eussent parlé. Chercha-t-elle à le connaître ? On ne sait. Lui seul eut la faiblesse d'espérer l'arracher à son mystère : il n'en fut pas dissipé pour cela et, bien au contraire, redoubla, comme si les choses elles-mêmes se liguaient pour l'épaissir autour d'eux.

La maison où habitait la silencieuse musicienne figurait une cité aux passages compliqués et que d'innombrables locataires occupaient. On y pénétrait par trois accès, et tous trois s'ouvraient en des rues opposées. Les trois concierges ne purent rien lui apprendre si ce n'est qu'il y avait dans ce vaste logis plusieurs dames vivant seules et qui, presque toutes, semblaient avoir apporté en arrivant quelque douleur. Mon ami, déjà si enclin à la défaillance, désespéra ; il s'enferma dans ses chambres, vécut le prisonnier de cet amour qui, à la fois, était l'évanouissement de la personne aimée et la subtile, la presque spirituelle émanation de ses approches. Il la sentait se mouvoir de l'autre côté du mur comme un léger, un aérien fantôme ; il s'efforçait de vivre de sa vie, du songe de cette vie qui se reculait dans une éternité de silence et ne lui fut jamais qu'une conjecture idéale. Cependant la cloison, à la longue, sembla s'animer ; elle vibra de l'efflux ardent de ces deux âmes passionnées et timides qu'elle séparait et rapprochait, comme si des parcelles de leur amour se fussent infusées dans la brique et l'eussent ductilisée jusqu'à lui donner la sensibilité.

J'ai vu sur les roses du papier la trace des baisers que, dans sa douce folie ingénue, mon ami y appuyait, et cette empreinte, même après sa mort, resta humide, comme si les larmes l'eussent jusqu'au fond mouillée. Ils en arrivèrent l'un et l'autre à correspondre par de légers coups frappés dans la pierre et qui devinrent entre eux comme une tendre et discrète télégraphie, comme un délicieux langage où leurs cœurs, à défaut de leurs voix et de leurs visages, se connurent et restèrent confondus.

Et puis un jour arriva où le clavecin demeura muet, où la petite main musicienne cessa de répondre aux appels de l'amant. Ainsi fut rompu le silence qui si inexprimablement s'était empli de l'émanation muette de leurs êtres. Le silence fut cassé comme avec des fracas de marteaux. Le mur sembla s'être écroulé sous les tonnerres du vide, et cependant ce fut seulement alors que le silence mérita son nom. Le poids effrayant des tertres à l'ombre des ifs n'eût pas mieux scellé les tronçons de ce mariage mystique de deux âmes qui, après avoir subi les langueurs et le mal de se sentir à jamais solitaires, avaient fini par se résigner à un triste et nostalgique bonheur. Il crut qu'elle était partie et, au fond, espéra qu'elle fût morte. Il se décida enfin à s'informer auprès des concierges : l'un d'eux lui apprit qu'une dame, en effet, avait trépassé dans la maison. C'est tout ce que mon ami connut jamais de la femme qu'il avait aimée d'un si grand amour. Elle se révéla à lui à travers la mort ; encore elle emporta le secret de sa forme sensible, et ainsi le mystère ne cessa pas un instant : sa fin ne fut qu'un peu plus de mystère ajouté au mystère qu'ils avaient été l'un pour l'autre. Lui-même mourut peu de temps après, l'ayant jusqu'au bout aimée dans la beauté et la plénitude de son rêve, que nulle désillusion n'altéra.

LE JARDIN DE LA MORT

LE JARDIN DE LA MORT

A Maurice Maeterlinck.

Sitôt la grille franchie, je me sentis étreint d'une inquiétude inexplicable. Il y avait longtemps que les gonds n'avaient joué : les pentures, au moment où la porte tourna, émirent un gémissement étrange, comme la plainte d'un animal blessé. Encore fallut-il, en m'arcboutant, aider à l'effort de la gardienne de ce logis solitaire pour repousser à l'intérieur le battant qui m'en livrait l'accès. Des sarments s'étaient noués aux charnières, les vrilles et les ramuscules d'un cep sauvage qui, en s'enchevêtrant, avaient fini par simuler le caprice maillé et touffu d'une ferronnerie. La trame d'un épais tissu parut se déchirer quand se fendit cette clôture naturelle ; les souples et torses lianes sifflèrent en s'écartelant comme les bras que quelqu'un, de l'autre côté de la herse, eût noués aux barreaux. Et, enfin, après une courte lutte, je pus pénétrer dans ce sauvage domaine.

Mais, presque aussitôt, d'autres barrières surgirent. Une mêlée de branchages interceptait les voies ; les sentiers s'étaient embroussaillés de ronces et de chardons ; des feuillages me fouettèrent les joues et, à peine écartés par mes poings, se refermèrent coléreusement sur moi. J'eus, au bout de peu de temps, les mains et le visage lacérés de dards et d'épines.

La lutte, à mesure que j'avançai dans cette nature désordonnée, recommença plus âpre et tumultueuse. De lourdes masses de verdures croulaient sous mes pas avec un bruit d'eaux échappées d'une vanne et devant moi formaient un mur épais.

Alors se justifia l'impression singulière ressentie dès l'entrée. L'horrible gémissement de la grille, resté crissant en mes moelles comme le cri d'une bête sciée, prit une signification augurale. J'acquis la certitude que la maison cachée au fond du parc déléguait contre mes curiosités les arbres et les taillis comme les ministres de ses défenses. « N'avance pas plus loin, retourne vers l'endroit d'où tu viens. Ce n'est pas avec des sentiments ordinaires qu'on aborde ces lieux insolites. Il n'y a rien ici pour ton désir de quiétude et de méditation, car même le silence, sous leurs ténébreux arceaux, est redoutable. » Une devination, sinon l'évidence ouïe d'une voix, ainsi m'avertit. J'appelai la vieille femme qui me servait de conductrice dans le dédale. Mais peut-être elle était sourde, ou bien mon appel se perdit dans l'étouffante atmosphère de l'été des arbres. Elle ne me répondit pas et continuait à glisser, d'un étirement long de chat forestier, sous les frondaisons, sans se retourner.

J'eus honte de ma pusillanimité, et, mettant ma bizarre inquiétude sur le compte d'une passagère hallucination, j'espérai, en avançant, me retrouver bientôt dans des parages moins tourmentés. En effet, le fourré s'éclaircit ; l'hirsute silve desserra ses ramures ; je pénétrai dans une clairière où de hauts ormes avaient poussé. Le ciel ne s'apercevait pas à travers leurs dômes centenaires ; une herbe maigre pâlissait les tertres arides desquels s'élançaient leurs fûts moisis. Un froid humide aussitôt me perça les os. Ma respiration s'arrêta : je m'étais cru délivré et me sentis subitement le captif d'un charme qui arrêtait en moi la vie. La lumière, depuis de longs périodes, n'échauffait plus ces airs glacés ; un morne et nocturne enchantement stagnait, une si accablante torpeur que je regrettai les sonores taillis où je m'étais frayé laborieusement passage.

La vieille femme, après avoir fait du côté des arbres un geste que je ne compris pas, encore une fois s'était remise à marcher devant moi ; mais, pendant le bref instant que dura ce geste énigmatique comme un rite ou qui, peut-être, tenta de me suggérer la conjecture d'un ancien événement, je remarquai qu'elle avait les yeux égarés et que son visage, sous les obscurs feuillages, revêtait une pâleur quasi tombale. Mon inquiétude, dès lors, se changea en une véritable angoisse : les apparences autour de moi prirent un aspect surnaturel et hostile, comme si j'étais entré dans le Jardin de la mort, comme si le mystère qui régnait en ces arcanes du grand parc ténébreux me faisait signe qu'une chose mémorable autrefois s'était passée là.

Des pelouses ensuite s'étendirent ; de longues bandes rectilignes symétriquement bordèrent de minces canaux ; et je ne ressentis plus que de la tristesse, je me suggérai une double destinée monotone et parallèle comme leurs froides géométries. Des âmes, sans nul doute, en ce paysage plein d'ennui, avaient souffert un étrange et durable martyre. De mélancoliques visages, en se reflétant au miroir des eaux, y avaient lu le symbole qui apparie à l'onde inconstante la variable créature. Ainsi qu'entre leurs rigides bordures de pierre les yeux allaient se perdant dans un lointain horizon, deux vies longtemps côtoyèrent la douleur et, lasses, irrésignées, peut-être ensuite se réunirent aux suprêmes pacifications de la Mort. Oui, tel était bien le sens intime et l'analogie de ces affligeantes perspectives.

Cependant mon guide, ayant pris les devants, m'attendait à l'orée d'un bois vers lequel descendait une pente légère. Le bois lui-même s'abaissait selon cette déclivité et gagnait une combe assez profonde où tout à coup j'aperçus se dresser la maison. Je ne fus pas le maître de m'étonner en ce moment du secret dessein qui l'avait reléguée en cette solitude. La sensation d'étouffement éprouvée tout à l'heure redoubla presque aussitôt et porta à son comble mon état anxieux d'esprit. Il me parut que la passagère tristesse filtrée en moi par l'ennui des eaux droites n'avait été qu'une trêve et comme la transition vers un nouvel et si lourd accablement que la vie n'y aurait pu persister.

Une fois de plus s'attestèrent les correspondances. La Mort, indubitablement, pour ces âmes exténuées d'un trop régulier bonheur, fut une délivrance, et j'éprouvai moi-même que l'image de la Mort, en se suscitant à défaut de sa réalité, eût seule allégé l'horrible incertitude où stagnait la mienne. Les arbres, en se joignant par dessus la maison, la vêtaient d'une épaisse chape d'ombre. Ses volets clos, peints d'un vert acide et discord, lui donnaient dans cette obscurité l'air clandestin et mémoratif d'un visage recolligé en une minute inexpiée du temps. Des phosphorescences suintaient de ses façades écaillées par l'égouttis des toitures et que le sillage des eaux, en rongeant la brique et la verdissant de moisissures, semblait rayer d'une apparence de larmes mal séchées. Une herbe vénéneuse et noirâtre, en touffes on eût dit arrosées de sucs mortels, comblait les parvis. C'était bien la désuétude d'une demeure marquée par quelque faste tragique et qui, évitée des pas humains comme si nul calme sommeil ne dût plus s'abriter à son ombre, scelle sur le vide des chambres un obscur et effrayant secret.. Une odeur humide et tumulaire, des senteurs froides de marécage et de cimetière s'épandaient de ses abords, opprimaient l'air prisonnier sous l'immobile amas des feuillages. Et je ne doutai plus que la Mort en ces sortilèges était présente et qu'averti par tant d'obsédants pressentiments j'allais connaître enfin le drame.

A présent, la femme, d'un geste impératif,

m'enjoignait d'avancer vers une vasque dissimulée, non loin, sous de ramusculeux sureaux. La margelle en était disjointe et se veloutait de lueurs corrusquantes, d'une toison d'ardents et sombres lichens. M'étant penché par dessus l'ancienne splendeur de ce marbre en éclats, je ne vis d'abord qu'un remous de noires et merveilleuses émeraudes, lentement tournoyant au fond des eaux dormantes. Elles s'agitaient en orbes à peine sensibles, en cercles de froide lumière où, attirée d'un mouvement svelte et dansant, ondoya la fine chevelure des algues. Mon propre visage s'y reflétait, mais si différent, en ce miroir où il se suscita lointain et comme oublié de moi-même, que je m'évoquai mon spectre mi-évanoui plutôt que ma véridique image. Ainsi ce prestige momentanément m'aliéna de la vie, et, en effet, le frisson des liquides joailleries parut disperser ma substance.

Mais soudain, d'entre l'or et les émeraudes, un long corps sinueux mirailla. La rose chair en fleur d'une ondine aux spirales en fuite d'un tissu d'écailles et de soie, darda, flammée de soleil, tel un éclair. Comme de l'oubli des âges monta le prodige et, ensuite, à travers la lisse évidence des eaux vertes, ce ne fut plus que le glissement d'une carpe monstrueuse aux tristes yeux surnaturels, aux yeux de gemmes et de larmes, comme un mirage d'amour et de mort.

— Oh! oh! m'écriai-je, frappé d'horreur, maintenant je sais qu'*Elle* fut précipitée en pâture aux hôtes de cette piscine. Et sans doute, nourries de son essence, ces bêtes meurtrières sont devenues sa chair et ses yeux transsubstantiés. Maintenant, *Elle* continue à regarder, à travers leurs fixes prunelles ensorcelées, Celui qui jamais n'est revenu.

D'autres carpes, fleuries et grasses, encore surgirent qui toutes avaient le même regard surnaturel.

Doucement la femme près de moi se mit à rire, et je m'aperçus qu'elle avait perdu l'esprit.

L'AME CAPTIVE

L'AME CAPTIVE

A Georges Rency.

Je restai longtemps sans connaître son âme. C'était en elle une chose douce et dormante, comme tout son être, une chose très loin sous le léger nuage du sang, sous les apparences de la vie, et qui tenait pour moi du mystère, car jamais cette âme ne se montrait. Elle avait des yeux très doux, immenses, couleur d'eaux bleues dans le soir; je ne me lassais pas d'en sonder la profondeur, d'y boire le vertige. Nous avions alors de longs silences, des silences d'éternité, comme, aux heures d'orage, pendant les suspens électriques où on s'écoute, où on croit qu'on va mourir. Elle me regardait étrangement: on ne voyait plus que le vide en ses yeux; la vie autrefois semblait y avoir habité et, à présent, n'était plus que la lumière d'une étoile éteinte, cette lumière dont le sillage illumine longtemps encore l'espace après que l'étoile est morte.

Mais peut-être ce ne sont là que des images; peut-être la vie y dormait-elle comme l'orient d'une pierrerie dans la gangue; peut-être seulement elle était plus loin de moi. Et, enfin, je ne pouvais plus supporter la beauté morte de ses yeux: je m'en allais avec douleur. Elle n'avait pas l'air de se douter de ma souffrance et continuait à me sourire. Le sourire était la fleur de ses lèvres, une fleur montée du plus profond d'elle, toute pâle, comme une fleur des eaux, comme, au bout de sa flexible tige, la conque d'un blanc nénuphar. Ainsi je la contemplais, et je ne pouvais voir son âme.

Cependant il arrivait qu'une apparence de pensée, comme la paroi à pic d'une roche, comme les assises obscures d'une falaise aux dormants d'une eau d'abîme, se mirât en ces prunelles d'une limpidité si admirable. Et, autour, comme l'onde sans rides qui baigne le pied des falaises, une plus grande clarté transparaissait, une clarté vraiment céleste. Je ne savais que cela ; je ne savais pas si cette extraordinaire lumière de son regard était son âme, car elle me parlait peu : elle mettait entre nous le silence de sa beauté.

Des espaces infinis ainsi nous séparaient ; j'étais veuf de tout ce que j'ignorais d'elle, et je ne pouvais dire même si elle vivait, bien qu'à mes mains s'imprimât le toucher tiède de son corps, bien qu'elle fût un délicieux instrument de plaisir sous mes caresses. Elle n'était ni joyeuse ni triste ; elle riait quelquefois, mais sa bouche seulement avait le dessin du rire, il n'était pas dans son cœur, et cela aussi était un mystère. Aucune musique ne s'éveillait de la courbe charmante de ses lèvres ; elle était comme une viole frémissante et qui n'a pas de son. Sur sa bouche flottait un rythme léger, aérien, et qui était du silence.

Elle n'éprouvait pas le désir de se communiquer à moi ; elle vivait dans la solitude de sa pensée et de son amour ; elle semblait vivre hors d'elle-même, dans une portion de l'espace et du temps où mon âme ne pouvait l'atteindre. Toute chose en elle m'apparaissait comme du songe et du sommeil; elle avait toujours dormi, elle ne s'était jamais réveillée, et cependant elle avait bien la grâce de la vie, elle n'était endormie que du côté de l'âme. Ou plutôt elle était le parfum et le reflet de la vie en dehors d'elle, comme si celle-ci eût été une tunique et une lumière flottant autour de sa forme et qu'elle ne vécût qu'en la volatilité de ce parfum et de ce reflet. Mais des mots peuvent-ils exprimer cela?

Mes doigts, par instants, hésitaient à la toucher ou légèrement effleuraient les siens. Je ne savais pas si elle n'allait pas se dissoudre, fluide très subtil et qui se perd dans l'air. Et ensuite, quelquefois, elle ouvrait la bouche comme si, enfin, elle consentait à me révéler son âme. Oui, elle avait bien alors le visage d'une âme, comme si déjà cette âme lui fût montée aux yeux; comme si elle frémissait en ce reste de silence de ses lèvres. C'était là pour moi des minutes d'angoisse délicieuse, l'arrêt de la vie entre deux éternités. Puis les fines lamelles d'or de sa voix bruissaient; la mélodie de cette voix comme la vibration intérieure d'une pensée avant qu'elle ne soit exprimée. Mais, sitôt qu'elle parlait, je reconnaissais ma folie; tout espoir encore une fois se dissipait. L'âme était absente de ce qu'elle disait; elle semblait absente elle-même des vaines et futiles paroles, du vent léger de sa voix. Et, de cette façon, nous n'étions jamais plus éloignés l'un de l'autre que dans le temps où j'avais cru tenir enfin son âme en mes bras. Son bavardage à peine avait un sens et voltigeait d'un bourdonnement délicat de petite abeille prisonnière aux parois d'un cristal. Sa voix montait de la maison où était captive son âme, et elle et sa voix ne semblaient pas dire les mêmes choses. Si bien qu'entre nous deux une barrière régnait; elle ni moi ne savions ce qu'il y avait derrière.

Mais, presque toujours, elle se taisait et ne semblait rien avoir à dire. Alors elle m'apparaissait comme opprimée par un charme secret; livrée à un enchantement dont elle ne souffrait pas; et mes larmes jaillissaient. Je pleurais sa petite âme morte; ou qui peut-être n'était pas née. Sa bouche ne se descellait qu'au moment où j'espérais que son âme allait parler, et alors, au contraire, son âme s'attestait bien plus lointaine, irréparablement perdue. J'aurais voulu qu'elle ne parlât plus jamais.

Nous vécûmes longtemps ainsi, je ne puis dire combien de temps, car le sens de la vie à la longue me manqua. Je ne vivais plus que de l'absence de sa vie et j'étais très malheureux, sachant qu'elle n'était pas morte et que cependant elle ne vivait pas. Elle aimait marcher le long de la mer, dans le vide sonore des eaux. Elle ramassait des coquillages et les approchait de son oreille. Leurs conques aussi bourdonnaient et n'avaient pas d'âme; elles ne vivaient qu'en ce bruit des vagues demeuré en leurs volutes, et pareillement, une ancienne essence de vie continuait à animer son geste quand déjà la vie en était partie. Il lui arrivait de me dire qu'elle n'entendait plus battre son cœur. Ses yeux se fermaient, et, un peu de temps, à l'ombre de ses paupières, elle demeurait un peu plus morte. Je posais alors ma main sur son cœur : il s'était arrêté, et, ensuite, lentement, sous la pression de mes doigts, le battement renaissait. J'avais ainsi la joie de penser que sa vie dépendait de la mienne, que, pour moi seul, elle n'était pas encore une ombre. Et de nouveau, elle me laissait croire qu'elle vivait, bien que, peut-être, elle ne fût qu'un peu moins évanouie.

Un jour, comme j'approchais d'un bois, je l'entendis chanter. Elle ne savait pas que j'étais là : elle allait quelquefois seule en ce bois, loin des routes. Oh! il me parut tout à coup qu'enfin j'entendais vraiment son âme! Jamais je n'ouïs un chant plus doux et plus triste. Et je ne savais pas ce que disait ce chant, mais il s'exprimait comme une âme malade, il était la tristesse et la beauté de cette âme malade. Bientôt, je crus reconnaître en ce chant des voix correspondantes à des pensées que longtemps j'avais portées en moi. Elles étaient comme le son de mes propres souffrances ; elles semblaient transférées hors de moi et déléguées à quelque âme musicienne, afin qu'en cette âme la mienne se connût et à la fois trouvât son image plus subtile.

Et ainsi me fut révélé mon propre mal par celle-là même qui en était la cause; ainsi elle exprimait ce mal comme si c'était moi à présent qui l'en fis souffrir. Alors je restai un instant sans mouvement, tout pâle à cause de cette âme qui était la mienne et que j'entendais. Puis j'entrai dans le bois en étouffant le bruit de mes approches ; je ne pensais plus qu'à voir si ses étranges yeux aussi reflétaient mon âme. Mais, comme j'approchais, sa voix à mesure faiblit, ne fut plus qu'un murmure léger. Et, ensuite je l'appelai, je criai : « O ciel ! t'ai-je enfin retrouvée, toi qui fus si longtemps partie ? » Mais déjà elle s'était laissé tomber, elle me regardait à travers ses larmes comme si, dans un instant, elle allait perdre la vie. Et elle me dit : « Maintenant, encore une fois, tout est fini ; maintenant, il ne te restera plus qu'un regret éternel pour cette minute où, en me connaissant, tu m'as de nouveau perdue. » Elle se mit à me sourire, et une chose flotta autour d'elle comme le léger nuage de sa vie partie. Longtemps, je restai tourmenté par ce symbole. J'évitais de l'interroger, et ainsi je ne sus si son âme avait parlé ou la mienne.

Un mal mystérieux me la ravit à quelque

temps de là; son cœur cessa subitement de battre sans que, cette fois, il me fût possible d'en ranimer le rythme. Et je la tenais entre mes bras; mon cœur aussi s'arrêta; je n'entendis qu'un souffle: « Tu avais pris mon âme... A présent, elle m'est rendue. » Et elle passa dans ce souffle, n'ayant dit que cela, redevenue une âme pour une autre vie dans les étoiles.

LA MORTE VIVANTE

LA MORTE VIVANTE

A Jean Reibrach.

— Oh! dit le Voyant des destins, en considérant la main que lui tendait le chevalier et en désignant le profond sillon qui continuait la ligne du pouce, voilà, certes, la marque de la plus rare et de la plus constante passionnalité. Mon cher chevalier, votre vie, en ce signe dont Vénus est chez vous comme labourée, s'atteste traversée d'un unique et vertigineux amour.

Une ombre ennuagea le visage du chevalier. Il eut les yeux lointains d'un homme qui s'étrange du moment présent et, dans l'effort d'une douloureuse régression de la pensée, plonge aux jours évolus, en cette portion du temps où se consuma l'être successif et transitoire qui, pour chacun, sert à nombrer les périodes de la vie.

» — Oui, dit-il en s'arrachant enfin à sa pénible méditation, un unique et vertigineux amour, c'est bien ainsi qu'il convient d'appeler un tel amour, puisque celles qui le partagèrent avec moi n'en furent que les formes extérieures et pareilles. Ce sont là, je le sais, d'étranges paroles; elles pourraient étonner quiconque, comme vous, n'est pas dans le secret des destinées. Il semble, en effet, qu'il y ait là quelque sens mystérieux plus proche de la folie que de la raison. Et cependant je n'exprimai, en vous les disant, rien qui ne soit selon la vérité de cette vie où, malheureusement, la vérité prévalut si peu et que leurrèrent de si funestes illusions. Toujours mon intime pudeur me contraignit à garder pour moi seul mes souffrances. Mais, aujourd'hui, ayant vécu si durablement enfermé en moi-même, je goûte un soulagement à me sentir, sans seulement avoir desserré les lèvres, confessé par un si subtil devin. En vous disant quel sort me fut départi, j'allégerai mes lourdes et solitaires taciturnités et me ferai mieux connaître de vous qui, par un irrécusable signe, déjà m'avez reconnu.

» Il y a six ans, je perdis ma première femme. Vous verrez par la suite de quelle passion je lui fus attaché. Son image ne se sépare pas des indices que vous avez lus dans ma main. Ma vie resta barrée du sillon qu'elle y laissa, d'un si profond sillon qu'ensuite l'autre amour fut bien obligé d'y entrer. Voué à uniquement aimer deux femmes en une seule, je ne cessai pas d'avoir pour la seconde le même cœur que j'avais eu pour la première. L'inflexible ligne qui me révéla à vous s'atteste ainsi la maîtresse de mes destinées ; elle fut le symbole matériel et fatidique de ce double amour qui écartela mes jours et pourtant ne s'interrompit pas d'être un seul amour, comme les dents d'une herse, en ravinant le champ, l'entaillent de multiples raies et n'en laissent pas moins la blessure d'une seule herse. Lavinia avait la splendeur d'une beauté ardente et noire, pareille aux nuits d'août

attisant en leurs ténèbres le myriadaire braséement des astres. Tandis que, de ses pieds à ses cheveux, c'était la magnificence sombre des grandes passionnées tragiques qui ruisselait comme les ondes d'un Léthé, comme un fleuve d'amour et de mort, en elle tout était rouge : ses baisers, ses tendresses, son orgueil et son sang. « Ta petite personne inté-
» rieure, lui disais-je en nos folies, m'apparait
» ainsi que la doublure écarlate d'un manteau
» plus noir que l'aile des corbeaux, le satin
» feu des pourpoints de velours du diable tel
» que, dardé d'un sulfureux nuage, il flambait
» aux yeux de Faust. » Alors, par jeu, ironique et superbe, soudain s'égalant à l'illusion, elle secouait la tête et jusqu'à ses reins épandait son opulente crinière noire, et celle-ci la vêtait en effet comme d'une mante diabolique aux trous de laquelle brûlaient ses lèvres pourpres et les étranges flammes de ses prunelles. Lavinia, d'ailleurs, avait bien l'humeur de sa beauté. Son âme, comme je le lui disais en riant, était bien le retroussis d'une doublure écarlate à sa sombre simarre de reine d'un Tartare. Violente, fantasque, domina-

trice, capable des pires fureurs, s'exaltant dans le bien comme dans le mal, elle réalisait de toutes les manières les deux couleurs qui étaient son alliage mystique et la blasonnaient tant au moral qu'au physique.

» Je ne puis dire qu'elle me rendit heureux au sens que le monde attache à ce mot ni qu'elle ait connu elle-même le bonheur. Un sang orageux la tourmentait et, maintes fois, jeta le trouble dans notre existence, où j'étais le hasardeux nautonnier cherchant à esquiver les récifs, où elle était le brusque coup de vent déjouant mes calculs. Mais, si elle ne sut me procurer les calmes certitudes de cet état modéré de l'âme en lequel se concentre la plénitude du bonheur, elle m'initia à de si troublantes et si tumultueuses délices que la vie, une fois qu'elle m'eut quitté, ne me parut plus possible sans leurs âpres aiguillons. Maintenant que j'y puis penser d'un esprit plus libre, je me fortifie dans l'idée que ce ne fut pas là du bonheur, mais une sorte de fièvre furieuse, un perpétuel éréthisme de mes sens, tendus jusqu'à crier sur les chevalets du plaisir et de la douleur, un transport de nos âmes où nous dépassâmes les quiètes et moyennes altitudes du bonheur et fûmes déportés dans les courants de la passion la plus épuisante. Nous vivions dans une espèce de combat de nos deux natures, portées à leur intensité la plus haute et s'affrontant comme des ennemies.

» Quand Lavinia mourut, je n'éprouvai pas le commun accablement qui suit les grands déchirements de la chair comme arrachée d'elle-même et vivisectée en ses fibres profondes. Un extraordinaire sentiment de délivrance plutôt me lénifia, comme si cette disparition d'une créature chaque jour et pendant des ans aimée en d'angoissantes et mortelles délices n'eût été que la fin providentielle d'un état de nos âmes où, fatalement, l'un de nous deux devait trouver la mort. Je me persuadai d'abord que mon cœur, usé par tant de crises répétées qui en avaient étanché les sources vives, n'était plus même capable de ressentir la douleur. Ce n'était là qu'une illusion née du besoin qu'ont les hommes de se justifier à eux-mêmes leurs défaillances. Je m'aperçus bientôt que Lavinia n'avait pas cessé de vivre pour moi, qu'elle était entrée si avant en ma vie que, même morte, elle continuait à évoluer d'une vie presque tangible dans mes jours et que les filandres de notre triste amour, coupées par la mort, s'étaient rejointes autour de nous comme les lèvres d'une plaie, comme l'écorce d'un arbre entamé par la cognée.

» Les sèves de notre ancien hymen remontèrent de la souche restée plantée en ma vie. Jamais Lavinia ne s'était attestée plus évidente à mes yeux, ni plus ambiante en l'orbe de mes pensées que depuis le temps où, expirée aux formes terrestres, elle rayonna astralement en mes régions intellectuelles, à la fois chair et esprit, mais chair immatérielle et subtile comme un gaz. Le fluide qui passait en nos baisers survécut à la mort des baisers et en vivifia l'inaltérable mémoire.

» Certes, c'est là un étrange mystère, et, toutefois, il n'est rien à côté du sentiment qui, profanant ces noces perpétuées du souvenir, me fit épouser, deux ans après la mort de Lavinia, l'être charmant dont j'empoisonnai la destinée. Ce fut Lavinia elle-même, je n'en puis douter, qui me poussa à cette union : je l'entendis me chuchoter à l'oreille les persua-

sives paroles au bout desquelles Elise et moi échangeâmes les anneaux. « Regarde-la, me
» disait-elle : elle est blonde comme je fus
» noire ; elle est douce comme je fus emportée ;
» tu m'aimeras bien mieux à travers le con-
» traste de nos beautés et de nos humeurs.
» Ainsi se consommera dans sa plénitude et
» jusqu'au jour où toi-même viendras me re-
» joindre sous la pierre, le mariage de nos âmes
» et de nos sangs, momentanément disjoints
» par les Parques envieuses. » Je n'écoutai que trop bien ce conseil. Elise devint ma femme et ne cessa pas d'être pour moi Lavinia. Elle ressuscita Lavinia dans mes caresses, elle fut Lavinia échappée à une temporaire léthargie et, sous la dissemblance des visages, m'apparaissant dans sa réalité charnelle, exigeant de mon amour les baisers que je crus donner à Elise et que, seule, Lavinia recevait... »

Le chevalier s'arrêta un moment de parler ; puis, passant la main sur son front, de ce geste qui semblait en chasser un obsédant fantôme, il poursuivit :

« — Une épouvante me prit le jour où, dans

les clairs yeux de la novice enfant, je vis se refléter, comme aux eaux d'une fontaine soudain déchirée par l'éclair, les flammes noires des ardentes prunelles de Lavinia. L'or annelé de ses cheveux crépita sous mes baisers comme les noires lianes dont Lavinia enlaçait mes épaules, comme l'incendie de cette chevelure de Lavinia, ténébreuse à l'égal des ombres et qui cependant dardait en torsades écarlates où tout son sang semblait flamber, où, à la fois, elle était ce rouge et ce noir de la beauté qui m'avait ensorcelé. Je ne la vis plus autrement qu'à travers l'image de Lavinia, et non point comme une image suscitée par le vertige des hallucinations, mais comme la présence même de celle qui se refusait à se retirer de moi et, inexprimablement vivante, me possédait par delà la mort. Il arriva un temps où chacun des gestes d'Elise ne fut plus que le geste de Lavinia, où il me devint impossible de me définir à moi-même en quel point le geste de l'une cessait d'être le geste de l'autre. Cependant je voulus me persuader que j'aimais Elise ; peut-être l'aimai-je réellement ; du moins, cette part de mon corps que j'abandonnais à son amour goûta, à mon insu, en se joignant au sien, de si exquises et infinies blandices qu'en restant constant à la morte, je ne fus point tout à fait infidèle à la vivante.

» Une telle suggestion émana-t-elle de l'implacable souvenir que, par l'effet de mon impérieux et secret désir, je fis passer en Elise la substance même de Lavinia et l'obligeai à se modeler à sa ressemblance? Où me suggérai-je seulement à moi-même la réalité de cette ressemblance et devins-je ainsi le propre jouet de ces illusions dont je la croyais victime? Toujours est-il que la morte parut être entre nous la seule vivante et que la vivante sembla être descendue au tombeau d'où Lavinia était sortie. Un orageux amour, en destituant cette âme tendre de ses candeurs originelles, nous replongea tous deux aux crises furieuses qui avaient déchiré mon union avec Lavinia. Ainsi, pour mon malheur, mais bien plus encore pour le malheur des deux êtres qui, en m'aimant, ne cessèrent pas d'être la même femme, je goûtai dans son étendue cet unique et vertigineux amour que vous avez lu aux lignes de ma main et qui éternise, sous une forme double, la rouge Vénus irritée ainsi qu'un taon attaché à ma vie. Elise! Lavinia! ombres charmantes et désolées, chers fantômes d'amour et de mort, mystère! qui dira jamais l'heure sacrée où la vie, qui recommença pour l'une, cessa pour l'autre? »

L'OMBRE NUPTIALE

L'OMBRE NUPTIALE

A Marie Mali.

Lui. — Viane ! Viane !

Elle. — La voici, ta petite Viane, ta chère petite Viane. J'étais là-bas en rêve, je ne saurais dire où j'étais... Tout près de toi, et cependant si loin. Ta voix m'a rappelée. Et vois, mon âme est venue. Regarde ma bouche te sourire.

Lui. — Ah ! Viane ! Nous sommes deux enfants. C'est à peine si nous comprenons quelque chose à la vie et nous nous comprenons encore bien moins nous-mêmes.

Elle. — Un jour tu m'es apparu, mon cher

Anthême. Tu étais beau, je ne croyais pas qu'on pût être aussi beau que toi. Nous ne parlions pas, nous n'aurions su que nous dire. Et ensuite tu m'as prise par la main, je t'ai suivi. Mon cœur, déjà, te suivait le premier jour où je t'ai vu. C'est toute l'histoire de notre amour.

Lui. — Oui, Viane, il n'a fallu qu'un regard pour nous aimer. Peut-être déjà nous nous regardions avant de nous connaître. Il y a des vies qui, sans qu'elles s'en doutent, vont l'une vers l'autre. Vois-tu, elles marchent pour se rencontrer et ne le savent pas. Elles viennent du fond des temps et elles attendent l'heure. Il y a toujours de toi à moi quelque chose qui nous reste ignoré, à présent même que nous nous connaissons. Mais nous connaissons-nous, Viane ?

Elle. — Nous sommes si près l'un de l'autre que c'est comme une même vie qui mêle nos souffles. Il me semble que tu commences à penser une chose et que c'est moi qui continue à la vivre en toi. Et cependant, ami, c'est vrai, il y a toujours entre nous une chose que nous ne savons pas. Je suis triste de tout ce que je ne sais pas de toi. Et tu as aussi dans les yeux un regard qui parfois m'interroge, un regard comme un pays très loin de nous et qui nous demeure inaccessible. Apprends-moi cela, doux aimé, dis-moi quelle chose nous tourmente de nous rester inconnue?

Lui. — Ne me demande rien, Viane, je ne pourrais te répondre. Les mots toujours disent ce que ne pensent pas les âmes. A peine on a parlé qu'on s'aperçoit qu'on n'a rien pu dire; et il vaut mieux se taire. Cependant, ensuite on reste troublé, comme si une ombre avait passé où l'on s'est senti perdu. Je ne te connais pas, Viane, et tu ne me connais pas davantage. Mais c'est peut-être quand nous cessons de parler que nous nous disons à nous-mêmes ce qu'il faut dire. Il y a de si profonds abîmes en nous, Viane.

Elle. — Il y a en nous un palais plein de miroirs et de clartés. Je me regarde dans les miroirs et ne m'y reconnais pas. Il y a en nous des jardins de mystère et de silence où les fleurs sont belles comme si elles étaient mortes. Je marche sur un sable d'or et ne m'y entends pas marcher.

Lui. — Il y a en nous des puits si profonds, Viane ! Je me penche sur la margelle, et dans l'eau noire bouge une petite lumière. Peut-être elle vient du ciel. Peut-être elle vient de nos yeux. C'est parce que nous sommes très loin que nous la voyons. En descendant, il n'y aurait plus qu'une eau ténébreuse. Vois-tu, c'est là sans doute une grande leçon. Il ne faut pas descendre en nous-mêmes. La petite lumière s'éteindrait de vouloir la saisir.

Elle. — Anthême ! Anthême ! Vois devant nous cette clairière au soleil. Ce n'est encore que le matin, comme dans notre vie, comme dans notre délicieux amour. La nuit jamais n'y descendra, tant elle est jeune et resplendissante. Tout le bel été y sourit dans les larmes heureuses de la rosée, et nous pleurons aussi quelquefois d'être trop heureux. Viens-y danser, mon cher Anthême ; les fleurs, comme des gouttes de lait, comme des étoiles tombées de nos yeux, naîtront sous le tourbillon léger de nos pas.

Lui. — Donne-moi plutôt tes mains, aimable Viane. Reste près de moi, il y a là un banc où nous nous assîmes la première fois

Non, ne t'en va pas, blonde amie. Est-ce que la clarté et le soleil ne sont pas dans ces cheveux que je tresse et enroule à mes doigts? La clairière se mire bien mieux en tes yeux... Et peut-être n'es-tu, toi aussi, qu'un mirage.

Elle. — Eh bien, les voici, ces mains qui sont tiennes, comme mes lèvres et toute mon âme.

Lui. — Ton âme! Ta chère âme! Un si subtil parfum! Toutes les essences de la terre en un seul parfum! et les plus divines! Et cependant, es-tu bien sûr que ton âme s'est communiquée à la mienne dans le moment où tu me l'offris? Est-ce qu'il n'a pas suffi de cette parole pour qu'elle soit déjà loin de moi? Qui jamais a pu dire qu'il tenait dans ses mains un parfum?

Elle. — Ne me demande rien que ce que je puis te donner. En te donnant mon âme, je ne sais si je puis te donner davantage.

Lui. — Cela, oui, je le sens ; et, pourtant, n'y a-t-il pas autre chose, Viane, que nous ne savons pas? Nous ne savons rien, Viane. Nous savons encore bien moins si nous tâchons de nous expliquer ce que nous ne savons pas. Mets-toi là sur ce banc, douce amie, et seulement regarde-moi. Je vais t'appeler par ton nom, rien que ton nom... Viane ! et ne dis rien. Regarde-moi. Ton âme, ta chère âme toute nue peut-être alors viendra à moi. Viane, exquise Viane, Viane !

Elle. — N'appelle plus, je suis déjà venue.

(*Ils se taisent longtemps. Des biches sortent de la profondeur du bois et s'approchent. Un vol de papillons et d'oiseaux se pose près d'eux sur le banc. Il monte des herbes de longs insectes d'émeraude et d'or.*)

Elle. — Anthème ! Anthème ! Anthème !

Lui. — Qu'y a-t-il, ma tendre Viane ?

Elle. — Une chenille ! Je t'en prie, secoue de ma robe cette chenille velue.

Lui. — Encore une petite éternité, Viane !

Elle. — Je ne puis pas, je souffre d'être si longtemps muette. Parle-moi, afin que je te réponde.

Lui. — Rien qu'encore une petite éternité, je t'en prie.

Elle. — J'ai peur. Tout ce silence, c'est déjà la mort.

Lui. — C'était la vie, folle Viane ! D'une

parole, tu l'as chassée. Le divin mystère est rompu. Ton âme est repartie après être descendue vers moi. Et, vois, toute chose belle et divine qui nous entourait s'en est allée. Les bêtes innocentes ont fui, elles qui comprenaient notre silence, elles qui sont de petites âmes silencieuses et peut-être souffrent des paroles des hommes. Qui peut dire que cette chenille n'était une pensée de la terre venue jusqu'à toi ? En lui donnant un nom, que peut-être elle ne porte pas dans les desseins de Dieu, tu l'as blessée, et elle a roulé de ta robe. Ah ! légère et folle Viane, nos âmes se touchaient et puis se sont désunies ! Ne t'ai-je retrouvée que pour te perdre sitôt après ?

Elle. — Eh bien ! viens là-bas. Je te consolerai en laissant tomber mes tuniques et je te baiserai. Est-ce que toujours toute peine de toi ne s'en alla pas sous mes baisers ?

Lui. — O Viane ! Viane !

Elle. — O méchant Anthème de qui le regard courroucé ne s'amollit pas à mes pleurs ! La clairière est rentrée dans l'ombre. Les fleurs ont cessé d'étoiler l'herbe. Le matin n'est plus.

Lui. — Et, irréparablement, tu m'as fui, décevante Viane.

Elle. — Où es-tu, mon cher Anthême ? Mes mains tâtent l'air autour de moi et ne te trouvent plus. Ne me dis rien, ne réponds pas. J'aurais trop peur que quelque chose encore se brisât. Mais pose ta bouche près de la mienne, si près que je ne sache plus lequel de nous deux est l'autre. Et ne parle pas, c'est moi à présent qui t'en prie, mon cher amour.

Lui. — Nos âmes, vois-tu, petite Viane, sont trop faibles pour le silence. Nous ne pourrons plus nous taire maintenant que nous avons parlé. Nos paroles ont fait trop de bruit à la porte de nos âmes pour les entendre encore ne rien se dire. Et il n'y a que ce qui ne se peut dire qui vaille d'être entendu.

Elle. — Anthême !

Lui. — Viane !

Elle. — Je ne sais plus ce que j'allais te dire et pourtant je voulais te dire quelque chose.

Lui. — Oui, Viane, et c'est toujours cette chose qu'on ne dit pas. Maintenant, viens là-bas comme tu me l'as offert et fais tomber ta tunique légère. Il n'y a encore que la volupté pour se mentir en pleurant des larmes sincères.

Elle. — Non, crois-moi. Nous irons plutôt vers les eaux. Elles ont des silences encore plus profonds que ceux que nous avons dans le cœur.

LE SENS DU MYSTÈRE

LE SENS DU MYSTÈRE

A André Ruijters.

A l'horizon de la ville, par delà une lisière d'antiques conifères, sur un mont se dressait la Maison. D'en bas, du labyrinthe des rues s'entrecroisant autour d'un vieil édifice communal, on l'apercevait avec une netteté merveilleuse, linéée sur les vermillons et les sinoples du couchant. Elle semblait émerger du ciel même avec un air spectral de tour, comme une vision des âges. Très haut elle dépassait la cime des arbres, ainsi qu'un geste de pierre qui, dans la solennité des soirs, invitait la cité à monter vers elle. Ses verrières, aux heures vespérales, simulaient des miroirs sombrement rutilants et reflétaient les feux mourants de l'espace.

D'infinis intervalles paraissaient la séparer de la Ville. C'étaient d'abord les faubourgs, étendus sur un large périmètre ; puis une aride plaine se dénudait, couverte seulement de gravats et d'escarbilles. Insensiblement, celle-ci se renflait, nervait les graduels bossellements de l'échine qui, en s'exhaussant, formait la butte escarpée où se déchiraient les ciels. Nul ne connaissait l'habitant hasardeux de la Maison ; elle se défendait par son éloignement et le mystère d'une solitude qui, à distance, apparaissait pleine d'embûches. De très vieux hommes pourtant se souvenaient en avoir gravi les pentes ; mais ils s'étaient arrêtés à mi-côte, vers l'endroit où commençaient les arbres. De là, ils avaient pu apercevoir, à travers l'emmêlement des ramures, ses assises rongées par les ans et nouées au cœur du roc même. Mais l'enchevêtrement monstrueux des racines s'était opposé à les laisser monter plus avant. Ils n'avaient rapporté de leur pénible escalade que la mémoire d'une hercynie sans issues, si profonde qu'il eût fallu plus qu'une vie humaine pour en parcourir l'étendue. Une image de la primordiale genèse ainsi s'était levée devant leurs effrois au seuil de l'insidieuse forêt, et ils n'en étaient pas revenus plus clairvoyants.

Leur témérité, ébruitée, d'abord éveilla la crainte d'une sorcellerie vouant ces parages à des desseins réprouvés. La couardise et l'hypocrisie, selon l'usage, versèrent aux pires suggestions plutôt que d'assumer les épreuves d'un contrôle dommageable. Avec le temps toutefois la souvenance des explorateurs elle-même s'émoussa : ils ne récusèrent plus aussi nettement le soupçon que peut-être ils avaient été le jouet d'une hallucination. Des ingénieurs aux sûrs calculs, d'ailleurs, avaient mesuré la plaine ; il se vérifia que les distances étaient moins exorbitantes qu'elles ne s'étaient dénoncées à des générations peu éclairées. Une fois de plus, le « progrès des lumières » s'attesta et balança les superstitions récalcitrantes.

La Maison-là haut, sur la butte, n'en continua pas moins à verdir d'ennui la race des trafiquants qui, en aunant du drap à leurs comptoirs ou pesant à des balances faussées leurs denrées, l'apercevaient à travers la vitre de leurs boutiques, droite par dessus l'horizon comme une menace ou un défi. Leurs palabres se convulsionnèrent pour cette ironie d'une demeure juchée en plein ciel et qui se refusait aux niveaux moyens consentis par l'unanimité des dociles citoyens. Son altitude, voisine des météores, déductivement les refoulait vers une condition subalterne et quasi-marécageuse. Du fond de leur cuve, ils la jugeaient démesurée, interceptive des bienfaisantes clartés auxquelles leur donnaient droit leurs impôts ponctuellement acquittés. L'obscurité épandue sur leurs toits par les nuages selon leur dire prolongeait l'ombre dont elle-même barrait l'arène et ses monts de caillasses. Elle aggravait en outre le notoire dommage que le mont sur lequel elle se hissait portait à leur optique en limitant le paysage et bornant la coupole du ciel à des aspects funéraires. Le ténébreux feuillage des conifères, en effet, leur évoquait un affligeant cimetière dont le pignon superbe eût figuré l'une des stèles dédiées aux regrets de la mort. Et puis encore toutes les fumées de la Ville, l'exhalaison fuligineuse des usines ne s'évaguaient-elles pas perpétuellement vers ce sommet et n'y planaient-elles en tourbillons comme sur un autre Erèbus? Cela perturbait désagréablement la symétrie du coup d'œil et rendait plus attentatoire à l'esprit de conformité ce logis édifié en dépit des lois des plus élémentaires voiries.

Celles-ci, après de longs périodes, commencèrent enfin à déborder par delà les primitives enceintes; des tracés géométriques lignèrent la plaine. La Ville, stimulée d'ambition, se déportait, reculait ses banlieues en un dessein de s'égaler aux métropoles d'or et de marbre. A son insu elle espéra ainsi accourcir la zone qui la séparait de la butte et, par de successives emprises, approprier ces sournois confins réputés impénétrables. Le geste de la Maison depuis si longtemps les appelait qu'un peu de vertige parut se mêler à l'exode des urbains et les précipiter vers ses commandements. Toute l'aire bientôt se peupla de rues bordées de cubes uniformes, d'une laideur consternante. En bataillons serrés, elles avancèrent à l'assaut de cette bastille du mystère. Pourtant ils ne parvenaient pas à l'atteindre;

l'espace à peine sembla diminué : toujours, aux limites du ciel, derrière la défense des épaisses ramures, se reculait le sujet des communes rancunes.

Alors une rage les déchaîna : ils redoublèrent d'efforts pour combler l'ancienne vacuité de ce désert de sables et de mergers. La bâtisse s'accrut, monta comme un mascaret. On allait bien faire voir à la hautaine habitation qu'il n'est point de barrière devant la colère d'un peuple. La Ville, après des ans, escalada la côte; les demeures, à présent, recouvraient la plaine entière; il y eut une immense acclamation quand sous la hache saigna l'hécatombe du bois. Et, tout à coup, par dessus les lisières décimées, dans la nudité du mont, ils virent se dresser, à la place de la tour qu'ils avaient rêvé d'abattre, une humble et simple maison que seulement les mirages célestes leur avaient fait apparaître si haute et si différente des leurs.

Avec stupeur ils en firent le tour; nuls verrous n'en défendaient l'accès; la porte, aux ais disjoints, béait sur un enclos où librement avait poussé une silve sauvage. Un silence presque religieux les pénétra tandis qu'en étouffant le bruit de leurs pas ils se glissaient sous ses arceaux. Ils se sentaient changés; il leur sembla qu'un arcane sacré s'abritait derrière ces murs qu'ils avaient jugés infernaux. La Maison doucement respirait autour d'eux d'une présence lointaine et pacifiée, comme là où sont des berceaux, comme là où sommeillent, entre la vie et la mort, des vieillards. Une chambre enfin s'ouvrit; ils s'arrêtèrent au seuil, saisis d'une émotion indéfinissable devant l'immobilité d'une forme humaine plus pareille à une ombre qu'à un vivant. C'était un très vieux prêtre en surplis; peut-être il ne les avait pas entendus approcher, peut-être il était mort, et sa tête, tournée vers le ciel, continuait d'en scruter les symboles. Ils se décidèrent à avancer, touchèrent du doigt son épaule avec la peur de le voir s'effondrer en poussière. Mais l'antique visage se tourna, souriant, vers eux, et ces paroles subtilement bruissèrent :

— Je vous attendais. Dieu m'a permis de ne pas mourir avant d'avoir connu la joie de vous sentir venir à lui. Car, apprenez-le, son infinie bonté me plaça en ces hauts lieux pour vous montrer les voies de la Connaissance. D'ici, j'étendais mes bras priants vers vous, d'ici je vous dédiais ma messe de Bon-Secours et mes eucharisties. Longtemps d'impénétrables desseins épaissirent votre endurcissement. Les fenêtres de cet ermitage dans les soirs réverbéraient les splendeurs divines quand vous croyiez n'y apercevoir que les mirages aériens. Mais, par un humiliant labeur, vous avez mérité de dessiller vos yeux aux évidences. Maintenant, la Ville monte ; toujours plus avant elle montera. Déjà, la cognée à la main, vous avez pénétré sous la sombre futaie de l'erreur et du mauvais esprit. Avec elle disparaîtront les dernières ténèbres qui vous dérobaient le Sens du mystère. Adieu, mes frères ; il y a dans ce jardin une fosse : je la creusai moi-même de mes mains. Vous y descendrez mon corps résolu après que mon âme aura rejoint Celui qui me délégua pour un ministère enfin accompli.

Ainsi parlant, le Révélateur expira, et tous s'étaient agenouillés, ayant compris la Parabole.

LES YEUX DU PAUVRE

LES YEUX DU PAUVRE

—

A Saint-Georges de Bouhélier.

Un souci, en ce soir hétéroclite et plein d'appréhensions, précipitait mes pas. J'avais quitté mon logis pour échapper aux obsessions d'un labeur découragé ; le contact des foules quelquefois assoupit les âmes trop personnelles. Au rebours de cet espoir, l'importune rencontre de visages hypocrites et patibulaires presque aussitôt me prédisposa à des sentiments étroits et rancuniers. Mon ennui, d'abord concentré dans un pénible débat avec moi-même, déborda sur l'engeance humaine. Je resubis l'amertume d'antérieures vexations advenues par la faute de ma confiance inconsidérée dans les hommes. Des inconnus avaient capté ma bienveillance pour me spolier. Des amis avaient frustré mon attente ingénue quand leur secours m'eût été précieux. Ainsi j'échappais à la cause réelle de mon irritation pour en ressentir latéralement les effets.

Autour de moi s'éployaient des voiries faméliques : les venelles obliquaient en des amas de maçonneries vénéneuses, resuant d'intolérables misères, peut-être des crimes ignorés. Sournoisement elles allaient se perdant en des ténèbres vers le fleuve cauteleux et taciturne, pareil à un criminel ouvrier acérant ses outils. Une indigente et rougeâtre clarté tout à coup diffusa du porche où, rencogné sans doute depuis des heures, un Pauvre guettait le passant miséricordieux. Perdu dans mon gré hostile, je ne perçus inconsciemment qu'une cavité obscure et fétide, un cloaque d'ombre dont les linéaments, un instant définis par l'avare coulée lumineuse, ensuite se confondaient dans des obscurités accumulées. Non moins inconsciemment, mon regard automatique glissa sur l'imploration des mains du Pauvre, émergeant de cette nuit impénétrable. Je ne vis, en réalité, ni le porche ni les mains, je n'en subis que la sensation indéterminée telle que la requiert la matérielle et mécanique succession des images sur la rétine physique, pendant que l'œil intérieur s'absorbe dans un studieux mirage. J'avais atteint le point aigu de ma crise ; au delà l'humanité ne m'apparaissait plus que comme un agrégat informe sans rapport avec ma sensibilité. Entre le monde tangible et moi s'était interposé un être accidentel et exclusif né de mon état d'esprit.

Cependant, au bout de peu de temps, le dessin machinalement inscrit en mes prunelles ressuscita, par le phénomène des impressions réflexes, une apparence humaine surgie des profondeurs d'un porche. Ce n'était qu'une identité lointaine et nébuleuse, comme la mémoire imprécise d'une rencontre en un temps mal défini, comme le passage d'une figure brouillée derrière une vitre étamée par le givre.

Rien encore, en cette vision informe, ne spécialisait l'individu ; il ondulait parmi les limbes comme une évocation purement mentale; l'aventure de mon esprit peut-être m'avait seule suggéré cette apparition. « Mais non, me dis-je aussitôt, pénétré de la plus lumineuse évidence, une ombre ne se fût pas dénoncée aussi matériellement. Il y avait bien quelqu'un au fond du porche. » L'événement, selon toute présomption, se serait résorbé dans son insignifiance même, sans le léger mystère que lui conférait mon insistance. Le choc en retour, fortuit et émoussé d'abord, se réitéra plus instant, plus mémoratif. Les empreintes, demeurées en mes oculaires, me restituaient sur un corps fléchi vers la rue l'agonie d'un triste et humble visage. O c'était indubitablement un Pauvre qu'il y avait là sous ce porche, me persuadai-je.

Cette certitude, au lieu de me désintéresser, puisque aussi bien ma perspicacité avait élucidé la circonstance et déjoué ainsi la petite angoisse de l'inconnu, devint pour moi la cause d'une véritable sujétion. Je me contraignis à reconstituer la ressemblance intégrale de cet échantillon des plèbes calamiteuses. Deux mains longuement s'étirèrent; la rouge clarté du lumignon leur donnait un extraordinaire relief d'écharnement ; elles avaient l'air de tâter devant elles une éventualité secourable ; elles étaient pareilles à des mains dans un naufrage. En même temps j'aperçus les yeux du Pauvre, tels que certainement ils s'étaient révélés à mon incuriosité, tels qu'à mon insu ils avaient pris substance en mes prunelles. Comment avais-je pu passer indifférent devant leurs adjurations forcenées ? Comment les puits d'afflictions et les cavernes d'exécration de ces yeux insondables ne harcelèrent-ils pas, à défaut de mes miséricordes, mon goût anxieux des formes de la souffrance ? C'étaient des déserts de sables et d'ossements, des routes à l'infini sans abris ni hameaux, d'immenses cimetières sans croix ; des caravanes y dormaient exterminées ; des hardes fauves y vaguaient avec d'horribles abois. Ils avaient perdu toute configuration humaine, ils étaient purulents et écartelés ; des sanies les assimilaient à des caïeux pourris ; ils n'étaient plus des yeux, mais un oblique et impérieux regard, un cruel et très pitoyable regard, un regard comme un loup en un bois et un prêtre à la Sainte Table conférant l'hostie, un regard où sur la pierre d'un crucifix quelqu'un repassait un couteau, où une prière était chuchotée d'une voix insidieuse.

« Voilà que moi aussi je me suis égalé à ma théorie de l'égoïsme social, me dis-je en riant. Il n'y a pas de différence entre les hommes insecourables et moi, puisque j'ai frôlé ce lamentable débris sans seulement m'apercevoir de sa présence. Mais bast ! Ce quartier n'est-il pas infesté par les mendiants de son espèce ? N'est-ce pas le repaire connu de multitudinaires indigents, professionnels et autres ? Cet homme, à tout prendre, ne mériterait qu'une compassion relative, car selon la vraisemblance, il dissimule sous une débilité d'emprunt des énergies carnassières qui, si elles étaient lâchées, en feraient l'égal des chacals et des tigres ? »

Aussitôt la contradiction s'érigea, une voix rétorqua l'argument spécieux. Ce n'est là qu'un mensonge par lequel tu voudrais donner le change à ta défaillance de cœur. Si toute la loyauté n'était pas abolie en toi, tu reconnaîtrais que ces yeux étaient bien ceux d'un pauvre homme exténué d'ans et de famines, tu ne mettrais plus en doute la splendeur douloureuse de tels yeux. Sitôt cette voix ouïe, je cessai de délibérer avec moi-même et retournai sur mes pas, sans précipitation d'ailleurs, comme pour me laisser l'illusion que je ne cédais à nulle injonction. Ma commisération me paraissait à la fois spontanée et réfléchie : j'étais décidé au sacrifice du léger viatique qui garnissait mon gousset.

J'atteignis enfin le porche, mais infructueusement je sondai ses profondeurs : le Pauvre n'y était plus. Tant pis, pensai-je hypocritement, allégé de l'ennui d'un sacrifice d'argent ; l'araignée sera allée tendre ses rets dans un canton moins précaire. En tout état de cause, j'ai fait mon devoir puisque, s'il était resté là, je n'aurais pas mesuré ma libéralité.

Je doublai mes enjambées afin de gagner les somptueuses avenues prochaines et d'échapper ainsi aux quérimonies de quelque autre malchanceux. Mais les yeux maintenant, comme si le cauteleux mendiant les eût projetés ainsi que des balles en ma chair, semblaient enchâssés dans les miens et me précédaient. Ils m'opprimaient comme des plombs, ils circulaient dans mes organes comme de diligents et lourds mercures. Je les revoyais sous un aspect conjectural, tantôt effrayants et dilatés par la haine, semblables à des feux de steamboats dans le brouillard, à des disques de voies ferrées égarant dans la nuit deux trains l'un vers l'autre, tantôt amoureux, fraternels, sublimes de renoncement, exaltés par la foi en les eucharisties, comme les visages des doux Christs courbatus des triviaires, ou timides et vacillants comme une lampe dans une chambre de moribond, comme les lanternes d'un corbillard aperçues de loin dans un soir de neige.

Encore une fois la voix se fit entendre. Comment as-tu pu méconnaître la mort visible en ces yeux ? Il n'y avait plus là qu'une expirante flamme de vie, en des orbites par avance mangées des vers. Rappelle-toi, s'il te reste quelque culte des morts, de pareils yeux subis pendant les hagardes agonies, au cours des affres préliminaires du définitif évanouissement.

Mon remords alors s'éveilla; leur affliction me transperçait; je me sentis consterné de leurs postulations inexaucées, de leur muet appel qui n'avait pas retenti en moi. Il se pourrait donc, pensai-je, que, par ma faute, et pour m'être porté trop tard à son secours après l'avoir méprisé d'abord, cet homme soit en perdition? Eh bien, il faut courir, il ne peut être encore loin. Je rétrocédai en me heurtant aux foules mercenaires que l'heure de la fermeture des usines répandait par les voies, je revins vers le porche, j'explorai les ruelles à l'entour, en vain. Je me résolus à questionner les voisins, j'intégrai d'abjects débits, des cantines pouilleuses. C'étaient de pauvres gens farouches, habituels commensaux de ces tables d'hôte de la misère, la morgue et l'hôpital, aux têtes exsangues et tirées comme celles des suppliciés en des bocaux d'alcool, aux échines déprimées et concassées ainsi que par des pilons. La défiance rendit équivoques leurs réponses; ils prétendirent ne pas savoir de quel mendiant je voulais parler.

Cependant l'opiniâtre image ne me quittait pas : ces yeux du Pauvre adhéraient aux miens comme des ventouses; ils m'évoquaient à présent des moignons sanglants, des paquets de viscères écrasés sous des roues de tramways, de liquides éclaboussures rejaillies sur les murs. Ils remontaient du fond de mon être pâlis, à peine reconnaissables, comme effacés par les pleurs ou par l'eau des rivières.

Je m'efforçai inutilement de m'étranger de la péripétie en récusant toute complicité dans l'issue de cette destinée. Le Pauvre s'était incorporé; il vivait en moi comme mon chancre; il m'accablait sous l'évidence de la responsabilité qui m'attribuait une part dans la déréliction sociale dont il mourait. Toi seul, me disais-je, pouvais prolonger ses jours au moins de quelques heures en allégeant la fin de sa détresse. Il t'eût suffi d'un bon mouvement venu en son temps. Et peut-être cet homme a des enfants; peut-être il tenta un suprême recours pour leur procurer une trêve légère aux agonies quotidiennes !

Pour échapper à ces obsessions, je jetai des monnaies sur de dégoûtants comptoirs, je m'intoxiquai de capsicons frelatés, de térébrants vitriols comme en boivent les galvats du port. Une clameur, montée du quai, subitement me jeta à la rue avec les patibulaires clients de la taverne où j'oubliais les yeux du Pauvre. C'était un noyé que des mariniers venaient de repêcher et qu'ils étendaient sur la dalle. Les habits décelaient une pauvreté décente ; le visage, affreusement creusé, ravagé par de durables privations, était celui d'un homme âgé. M'étant approché comme les autres, je vis ceci : le flot avait passé sur les paupières sans les fermer ; les yeux continuaient à me regarder fixement, très pâles, très lointains, infiniment affligés et pardonnants. J'écartai l'affluence et prenant dans mes mains la tête froide :

« Oui, dis-je, ce sont bien là les yeux effacés par les pleurs et par l'eau des rivières, les yeux qui m'ont persécuté. C'est bien là le Pauvre impérieux et doux dont la main m'implora sous le porche... Va, déplorable victime de nos casuistiques humaines, emporte le secret de tes douleurs, toi qui eus confiance dans le passant hasardeux et n'en reçus que l'indifférence !

LE SACRIFICE PATERNEL

LE SACRIFICE PATERNEL

A Georges Moreau.

Enfant, ô fils pour qui jamais je n'aurai le nom de père et dont la bouche continuera à m'appeler d'un nom banal, c'est en pensant à toi que j'écris ces lignes testamentaires, et pourtant je me défends de l'idée que tu pourras les lire un jour. Après avoir ici laissé couler mes larmes, je déchirerai ces feuillets, personne ne les trouvera après moi. Ainsi l'unique lumière qui eût pu éclairer la douloureuse passion de mes baisers te restera voilée. Je scellerai d'une nuit plus profonde, de la nuit même de la Mort, l'ombre à travers laquelle je ne demeurerai pour toi que le plus tendre des amis et, si près de ton cœur, l'âme inconnue d'un père. Un devoir sacré, d'ailleurs, doit prévaloir sur le bonheur épouvanté que j'aurais à t'apparaître sous le nom qu'un autre usurpa et dont la loi fatale du sacrifice me contraignit à me dépouiller. En sacrifiant cette prérogative divine, conforme à la nature, ce fut ma vie même que je sacrifiai à l'inexorable destinée. Celle qui te donna le jour à jamais restera sauvegardée dans tes respects.

Quand Alixe se maria, je lui étais fiancé par tous les vœux d'un réciproque attachement : nous avions échangé les promesses qui lient bien mieux que les signes extérieurs du mariage. Du fond de nos vies vierges et charmées, nous nous étions chastement donnés l'un à l'autre. Aubes de l'amour ! matins adorables de l'être où, comme aux premières heures du monde, deux enfants, venus par des chemins opposés, s'aperçoivent avec la croyance émerveillée de s'être toujours connus ! Elle fut pour moi l'image réalisée de mes ardents rêves de jeune homme je fus pour elle la source claire où son âme délicieuse en se penchant cessa de s'ignorer.

Dans nos familles, on se faisait un jeu cruel de nous laisser l'espérance, à moins que ce ne fût là simplement l'effet d'un aveuglement qui ne voulut pas croire au danger quand déjà il n'était plus temps de le prévenir. Nous espérâmes mourir tous les deux le jour où ses parents disposèrent de son cœur, où fut brisée en nous la chère illusion de nous appartenir qui était devenue notre vie même. La mort à ce moment ne fut pas seulement dans nos âmes ; elle séjourna à nos lèvres. Nous conçûmes la pensée de nous affranchir d'un pouvoir barbare en nous envolant vers une patrie éternelle où rien ne pût nous désunir. La main dans la main, comme des ombres légères et déjà échappées à la douleur, nous allâmes vers les eaux de l'étang qui, en un endroit profond du parc, reflétait la beauté solennelle des arbres.

Souvent, au temps de notre jeune mélancolie, nous y avions effeuillé des roses, en un jeu triste et puéril. Elle jetait un pétale, j'en jetais un à mon tour et ensuite nous restions inquiets, ainsi qu'en un pressentiment, de les voir s'écarter aux sillages du vent, dans l'aventure de cette étendue mobile.

La vigilance d'une vieille nourrice déjoua notre funèbre dessein ; elle avertit les parents et je restai à jamais privé de sa chère présence. Ce cœur trop filial alors s'immola ; Alixe se résigna à accepter, des mains qui sur notre amour avaient clos les portes de la vie, un époux plus riche que je ne l'étais moi-même, car ce fut la raison qui pour jamais nous sépara.

Une ancienne et respectueuse amitié me liait à cet homme qui avait été l'ami de mon père et qui déjà touchait à la maturité de l'âge. Ce ne fut que longtemps après, quand je crus nos blessures fermées, que je consentis à revoir celle pour qui j'avais tant souffert. Son mari n'ignorait pas que nous nous étions aimés ; peut-être ne vit-il dans cet amour qu'un entraînement passager de la jeunesse. Il feignit ne plus s'en souvenir et m'appela le premier. Je fus étonné du grand calme qui, dans mes entretiens avec Alixe, succéda aux orages où tous deux nous avions manqué perdre la vie. Nous ne parlions pas du passé ; nous n'évoquions que des souvenirs qui semblaient sans rapport avec notre ancienne douleur. Ainsi les heures s'écoulaient charmantes et légères, comme après une convalescence, lorsque le mal n'est plus déjà que l'excitation délicieuse à jouir d'une vie fraîche et nouvelle. Si parfois nos paroles, en remuant les ondes intérieures, étaient sur le point de nous faire reconnaître l'un de l'autre, un silence nous délivrait. Nous semblions n'avoir parlé que de deux êtres qui nous ressemblaient et dont nous avions oublié les noms.

Alixe n'avait pas connu la joie des mères ; elle eût été une consolation pour son cœur sans amour, dans cette grande demeure où elle avait l'air d'une veuve. Après six ans de mariage, ils restaient sans enfants ; et ce regret, qui ajoutait une ombre aux mélancolies de son beau visage sans que jamais elle me l'eût révélé, était pour son mari le sujet d'une tristesse d'autant plus vive que l'espoir avec l'âge se reculait. Des jours entiers ils demeuraient sans se parler; leur voix les eût bien plus fait souffrir, comme si, après d'inutiles détours, il leur eût fallu en venir à l'irrémédiable nécessité de se dire la seule chose qui les intéressât encore.

Le flot toujours refoulé, un soir qu'Alixe et moi nous nous promenions dans les jardins, décomprima cette âme douloureuse. Un bassin auquel une mythologie donnait un charme précieux et suranné décorait une perspective d'avenues rayonnant en étoile. Quand nous y arrivâmes, les dernières roses du couchant s'y reflétaient à l'imitation des roses dont autrefois nous détachions les pétales pour les abandonner aux rides de l'eau et, selon leurs parcours, en tirer des présages. Une même pensée aussitôt nous reporta vers le passé; je lui pris les mains. Elle me serra dans ses bras et nous pleurions tous les deux, amollis d'une peine infinie. « Cette heure est triste et divine, me dit-elle enfin; elle nous rappelle le bonheur que nous aurions pu goûter ensemble. » Ses sanglots l'étouffèrent; je la recueillis sur ma poitrine au moment où d'un souffle elle ajoutait: « Avec vous, Edmé, j'aurais été peut-être une mère fortunée. »

Ce mot dangereux nous accabla délicieusement. Je me sentis dans le même instant torturé du plus affreux supplice et ravi aux joies les plus hautes. « Alixe, adorable Alixe ! m'écriai-je, je te suis donc resté fidèle pour te savoir comme moi-même constante à l'impérissable souvenir ! Toutes mes douleurs sont en une telle parole consolées et rouvertes! Après t'avoir crue perdue, je me retrouve auprès de toi malheureux et espérant comme si, en cessant de m'appartenir, ton cher amour me donnait encore des droits sur ta vie ! » Nos pas inconscients nous entraînèrent vers le pavillon où, sous la fraîcheur des arbres, elle aimait se recueillir pendant les longs jours de l'été. Nous ne savions pas que nous y étions entrés et déjà, dans un si absolu oubli du monde que nous-mêmes n'avions plus le sentiment de vivre encore aux réalités, elle s'abandonnait à mes baisers.

Le réveil fut terrible ; le ciel un moment ouvert à nos soifs éperdues se referma plus inexorablement sur nous. « Fuis, Edmé, me dit-elle. Emporte avec mon âme le secret de ce soir coupable. Nous avons pour toujours perdu l'innocence et la tranquillité. » Elle disparut par les allées et je vis commencer l'exil dans cette maison d'où le bonheur, après la douleur, me bannissait. Je voyageai pendant près de deux ans. Ce ne fut qu'à mon retour que j'appris qu'Alixe avait un fils ; son âge délicieusement nous eût rappelé le vertige de notre unique baiser, si un tel souvenir nous eût été possible. Toutes les joies, toutes les afflictions antérieures ne furent plus rien à côté de celles que je ressentis alors et qui nous séparaient de la profondeur des liens nouveaux qu'une seconde avait créés entre nous. Nous fûmes rejetés sur des bords opposés à une si grande distance qu'elle m'en parut, dans le mystère de sa maternité, inaccessible. On m'avait dit le nom de l'enfant ; elle avait désiré qu'il fût baptisé du nom qu'elle portait elle-même. En l'appelant, en lui tendant mes bras paternels, c'était encore elle que j'appelais du fond de ma désolation ; leurs âmes, à travers cette musique pareille, demeuraient confondues avec la mienne.

Je voulus me rapprocher de la demeure où un autre homme jouissait du bonheur qui m'appartenait, comme d'un trésor dérobé et sur lequel lui seul cependant gardait des droits légitimes. Pendant six mois je vécus dans la solitude d'un hameau prochain, presque inconnu des laboureurs chez qui j'habitais. Je ne sortais qu'à la tombée du jour ; j'errais une partie de la nuit autour des clôtures du parc. Une lampe, jusqu'au matin, brûlait dans l'une des chambres ; ma vie restait suspendue à la douce lueur qui rougissait la vitre et qui éclairait le sommeil de mon enfant. M. de R. fut informé de la présence du mystérieux étranger ; il voulut me connaître. Je vis une après-midi son cheval s'arrêter sur le seuil de l'humble chaumière. Je cueillais dans le champ une gerbe de fleurs dont j'avais l'habitude de décorer ma chambre à la place où, scellé de cire, un portrait qu'elle m'avait donné encore jeune fille, était fixé au mur dans un pli de parchemin. Cet homme excellent m'aperçut ; il descendit de cheval et me tendit joyeusement les bras. « Ingrat, me dit-il, qui s'obstine à manquer à notre joie ! J'exige que pour réparer des torts que le temps a aggravés, vous m'accompagniez auprès d'Alixe et obteniez d'elle un pardon que, pour ma part, je ne suis que trop disposé à vous accorder. »

La confiance de cet ami loyal me fit verser des larmes ; il les mit sur le compte de l'émotion qui lui mouillait aussi les yeux ; ce fut alors que pour la première fois je sentis la beauté impérieuse du sacrifice. « Eh bien, m'écriai-je, je vous accompagne. » Je revis Alixe ; ses cheveux légèrement s'argentaient d'une neige qui ne lui venait pas des ans. Elle m'accueillit avec une gravité que je ne lui avais pas connue. A peine je pus trouver une parole ; elle me dit qu'elle avait toujours espéré mon retour et aucune rougeur ne monta à son front ; elle sembla avoir oublié dans quelles circonstances nous nous étions quittés.

Quand elle me présenta son fils devant

M. de R., je demeurai sans voix : il avait la couleur de mes cheveux et de mes yeux. Je compris qu'elle avait eu le courage de mentir au compagnon de sa vie, comme en ce moment elle me mentait à moi-même, de toutes les énergies froides de son âme. En respectant sa joie de se croire revivre en une lignée qu'il n'espérait plus, l'épouse s'était effacée devant la mère, auguste et haute, dans l'oubli de tout ce qui n'était pas la transmission sacrée de la vie. Elle m'eût enseigné à travers les souffrances de sa maternité la nécessité du sacrifice si je ne m'y étais déjà senti résigné.

Je redevins l'hôte de la maison : elle ne cessa pas de garder son secret avec une fermeté tranquille ; peut-être à la longue son amour pour moi s'était fondu dans cet autre amour plus grand qu'elle vouait à son fils, comme au brasier d'une flamme subtile et pure se consument les éléments terrestres. Jamais nous ne parlions d'Alix que pour admirer sa force et sa grâce ; je le vis grandir, fruit divin épanoui sur la tige de notre triste et furtif amour. Son regard éternisait pour

7.

moi la clarté adorable de la jeune lune qui, du fond de la nuit à jamais sacrée, vit nos transports. Il me resta la douceur de le couvrir de mes larmes et de mes baisers quand sa mère me le confiait et qu'ensemble nous allions par les avenues où deux êtres enlacés avaient précédé ses pas légers. Plus tard, enfant, à l'âge où l'on descend en soi par les chemins du passé, peut-être tu t'étonneras de la sensibilité maladive de ton vieil ami : nul signe ne t'avertira qu'en l'homme qui, d'une passion si ardente, te serrait dans ses bras, ton père voulut te demeurer inconnu.

Ma vie dès ce temps fut accomplie : en perdant celle qui un instant m'avait permis de l'appeler du nom d'épouse, je perdis bien plus celui que mes lèvres amèrement s'interdirent d'appeler du cher nom filial.

L'AMOUR VAINQUEUR DE LA MORT

L'AMOUR

VAINQUEUR DE LA MORT

A Henri Duhem.

A partir de ce funèbre jour, nulles musiques ne chantèrent plus en mon âme. Mon âme devint le solitaire jardin où, sous les givres et les neiges d'un hiver éternel, a expiré le cantique des roses, où les oiseaux, ces hautbois et ces violons d'un orchestre ailé, ont résigné l'amour qui les fit musiciens. Je fermai sur moi les portes de mon âme — et son rêve qui m'égalait aux Dieux. Un crépusculaire paysage, un aride et crépusculaire paysage de roches et de ravines, après que se sont effeuillées les violettes du couchant, un tel paysage que seuls les loups de la désespérance le peuplent de leurs abois, limita les avenues par lesquelles son adorable fantôme s'en était allé.

Oui, ce fut, aussitôt que, pour se muer en quelque sidérale parcelle des galaxies, elle eut délaissé mes terrestres horizons, ce fut cette nuit, prometteuse des ténèbres absolues, qui drapa la maison de mon âme. Je fis de l'attente de la mort ma compagne constante : elle habita le sépulcre vivant sur lequel, en me quittant, ma noble Vesta, — mon culte religieux, pour l'assimiler aux candides prêtresses gardiennes du feu inextinguible, lui avait donné ce nom, — laissa retomber la pierre sans résurrection.

La mort coucha dans mes draps, la mort moula sur moi en plis de linceul les brocatelles et les soies de notre lit nuptial, la mort apposa ses immuables scellés sur les clavecins dont les cordes, — elles s'étaient rompues avec les fibres de mon être, — prenaient du rythme de ses mains leurs musiques. Et plus jamais une main ne tourna le feuillet des cahiers inspirés par son amour; jamais plus un feuillet ne s'ajouta au livre de ma vie ; mon âme et ma vie demeurèrent ouvertes à la page sur laquelle s'était fixée la suprême lueur de ses yeux, à la page où le geste de ses doigts d'agonie avait glissé le signet des irréparables adieux.

En les harpes et les clavecins, oh ! depuis, depuis ! — comme en le bois creux des cercueils — taciturnement gisent les harmonies, gît la mort de toute Harmonie. Ne me parlez plus de la gloire : ses myrtes verts, je les ai tressés sur la tombe de celle qui me fut plus chère que la gloire et sans qui je n'aurais pas connu la gloire. Ne me parlez pas non plus des titres par quoi mon fol orgueil, comme par des échelles, convoitait d'escalader, par delà les eaux léthifères et les naufrages des mers d'oubli, les murs escarpés de la Cité de mémoire. Ils ne valent qu'à commémorer, en l'ironie des lettres d'or, sur le grès de son sarcophage, la source à présent tarie, — les mamelles même de son grand amour pour moi ! — d'où jaillirent la sève et le sang de mon œuvre.

Ne fut-elle pas, en effet, l'alme nourricière

qui, au sacrifice de ses jours, en me donnant sa vie à téter, allaita ma soif d'héroïsme jusqu'alors abreuvée d'insavoureux breuvages, et dans ma bouche amère, sur mes lèvres arides et salées, distilla les vertus de sa secourable et mystérieuse maternité? Elle mourut de l'extraordinaire haleine de vie qu'elle m'insufflait par sa voix et ses baisers; elle mourut, — ce mot plus déchirant que les cymbales et les trompettes! — de l'immolation de son être transsubstantié dans l'œuvre qui nous fut commune. Ah! c'est une affreuse histoire et quels hommes, en ce temps d'incrédulité diabolique, y pourraient ajouter foi? Elle était morte avant de trépasser pour le tombeau : son essence divine, comme une lumière dans une lanterne aux verres brisés, m'illusionnait encore que déjà les couleurs de la vie s'étaient retirées d'elle et qu'elle n'était plus qu'un spectre qui, par un miracle d'amour, m'illusionnait de l'espérer présente.

Cette chose arriva vers le temps, — il faut se violenter, mon âme, il faut descendre en ce puits de douleur, il faut jusqu'au bout intégrer ces catacombes de la douleur, — où j'achevais de transférer dans les suggestions de mon art *Hamlet*, ce drame étrange et terrifiant. Reclus en la solitude d'une forêt où les exclusifs sortilèges de la fée Musique nous décevaient comme d'une autre Brocéliande, — là un introublé silence nous laissait vivre de la vie même de nos pensers, — ma Vesta et moi oubliions les heures, (mais elles ne nous oubliaient pas,) à battre en tous sens cette autre forêt, — et ses labyrinthes, ses inextricables fourrés de ronces cruelles et de vénéneuses floraisons si grisantes, — cette forêt où erre la songerie d'Hamlet et que traverse, de son pas somnambule, la pallide Ophélia.

Tout autre souci relégué, nous avions fini par être nous-mêmes les prisonniers du mystère qui enclôt leurs âmes inquiètes et tendres, cauteleuses aussi. Ell' nous tenait, l'insidieuse et noire forêt, ar les mêmes lianes qui se nouaient aux pieds du fils de Danemark marchant en ses sentiers de conjectures. Des bouches au bout des branches, avec des sourires et des grimaces, nous proposaient le baiser et la mort. Un tiède vent de démence et de rêve jusqu'à nous montait des précipices et nous apportait l'odeur des fosses fraîchement ouvertes dans le cimetière. Ah! il y avait surtout, aux vides orbites d'un crâne, d'un crâne comme celui du pauvre Yorick, une rouge rose d'amour, une rose saignante ainsi qu'un cœur, et qui nous suppliciait de vertigineuses pestilences.

L'Enigme, un doigt sur la bouche, gardait toutes les issues de cette forêt enchantée où rôdaient des spectres solennels, où des arcs-en-ciel de papillons s'éployaient sur des mares de sang, où des hyènes et des basilics et des agneaux passaient dans l'ombre violette avec des visages humains.

Cent fois, dans les angoisses et les voluptés de ce drame plein d'hymnes et d'agonies, heurtant la mort qui s'y pavane, une fleur aux dents, nuptiale et criminelle, je crus expirer. L'âme vaillante de ma Vesta, avec des paroles d'espoir et de réconfort, me relevait sur les pentes où je défaillais, m'arrachait aux augurales épouvantes qui vers les tertres, — ce présage eût dû térébrer mes aveugles yeux! — requéraient mon esprit inconsciemment prophétique. En ce ténébreux puits où le suprême artiste penche le hagard visage de son Hamlet, j'en étais venu à ne plus considérer que ma propre ressemblance. Ce louche miroir tenait mon image captive et m'enjoignait, si je voulais la lui dérober, de plonger jusqu'en ses profondeurs de folie et de perdition. Mais toujours l'Amie fidèle arrivait laver de mes yeux l'obsédante vision; toujours elle fut la Madeleine qui sur mes lèvres sans salive exprimait l'éponge et guérissait mon mal sous la caresse et la pitié de ses cheveux amoureux.

Jusqu'à l'évanouissement des étoiles dans le matin, les flambeaux allumés sur ma table éclairaient le penchement de son corps charmant à mon épaule. La nuit, — et ses flambois d'astres comme des veilleuses en les alcôves de l'universel sommeil, — ne se dénonçaient à notre veille attardée que par l'âme mourante des roses exhalée des jardins. Elles expiraient en parfums autour de nous qui exhalions dans les musiques les spirituels aromes de nos âmes jumelles.

Il semblait qu'elle eût le don de lire derrière la paroi de mon cerveau, tant sa voix et ses mains sur les claviers étaient subtiles à dessiner en formes sensibles le rêve encore confus qui se débrouillait en moi.

Depuis le dernier printemps, elle n'avait pas cessé un instant d'assumer les joies et les peines de mon opiniâtre genèse; elle évoluait dans l'atmosphère de l'œuvre comme si elle en eût été une des parts vives, comme si, par l'esprit, elle avait voulu s'approprier les effrois et les douleurs du Drame, comme si une des essentielles figures de ce Drame l'eût matériellement investie. Et ne fut-elle pas pour moi cette atmosphère même, une atmosphère de songe et de réalité où ses surnaturels regards me versaient les fluides magnétiques par qui je devenais moi-même l'équivoque et anxieux Hamlet?

Oui, elle avait cessé de vivre de la vie terrestre pour s'absorber dans le mensonge de cette vie idéale et n'être plus qu'un pur Esprit mêlé aux illusions d'un monde imaginaire. Les yeux révulsés vers les images intérieures, je ne m'apercevais pas que sa santé s'était altérée : il fallut qu'une crise terrible dessillât mon orgueilleuse cécité pour qu'à la fin l'évidence d'un irréparable changement survenu en elle m'atterrât. Aux lueurs de l'aube, comme après une nuit plus obsédée que les autres, — c'était alors que la douce fille de Polonius s'en allait vers les saules, — je la portais à son lit, ma Vesta soupira longuement et ferma les yeux. Je crus que, terrassée par de surhumaines émotions, elle s'était mise à dormir et m'étendis sur une chaise longue à son chevet, de peur de l'éveiller. Mais la journée se passa sans qu'elle ouvrît les paupières ; un souffle imperceptible agitait sa gorge, et vers la nuit, son cœur tout à fait cessa de battre. Alors je criai après nos serviteurs ; une angoisse mortelle charriait des glaçons dans mon sang ; je fis appeler l'unique médecin de cette contrée de montagnes et de forêts. Il n'arriva qu'au petit jour, car les routes étaient pleines d'encombres, et pendant tout un jour et une nuit demeura installé près du lit où, toute blanche, sans haleine, la chair tétanique et déjà sépulcrale, gisait ma bien-aimée.

Ce ne fut qu'au matin du troisième jour que le sens enfin réintégra la demeure exquise de son corps. Au soleil levant, dans le parfum des fleurs, sa bouche se détendit, les orbes froidis de ses yeux se réchauffèrent d'un regard, comme après les humides ténèbres jaillit des nuées grises le clair regard du jour.

— Ah! me dit-elle en m'offrant sa lèvre, je ne voulais pas mourir. Je te reviens de la rive adverse où déjà l'Ange noir m'avait portée sur ses ailes. Va, dissipe toute tristesse : c'est bien une vivante encore que tes baisers caressent en moi.

Nulles paroles ne peuvent exprimer les ivresses de cette résurrection : j'aurais voulu l'emporter loin de la maison désormais attristée pour moi par le simulacre de la mort, la soustraire aux nocifs sortilèges qui l'avaient conduite aux portes du tombeau. Mais en vain je l'exhortai : elle m'opposa, avec la plus vive exaltation, qu'elle ne pouvait plus renoncer aux délices de l'initiation spirituelle à laquelle je l'avais vouée.

— Achevons ensemble ce drame de mort

et de vie : il m'est à présent d'autant plus cher que j'ai vu s'éclairer mes horizons des immobiles lumières du Soleil de minuit. Etre ou n'être pas, rêver peut-être! Après le songe de la vie, c'est encore un songe que mourir, un songe d'étoiles en étoiles à travers l'infini des firmaments!

Sous les flambeaux de nouveau s'attarda notre pensif compagnonnage. Elle avait gardé du frôlement de la mort une grande pâleur et des gestes comme évanouis encore sous la rigide attitude du trépas, des gestes desquels la chair semblait s'être détachée — ah! plus tard, plus tard seulement je m'en rendis compte — et qui battaient d'une palpitation d'aile blessée. Mais, à mesure que les catastrophes accumulées nous acheminaient à l'issue de la tragédie, sa chère enveloppe s'immatérialisait jusqu'à ne plus laisser paraître sur son visage que comme le dessin visible d'une âme. Un souffle vacillant, la flamme tremblante d'une lampe derrière une paroi d'opale, un gaz subtil épandu par l'air, le tardif émoi d'une agonie solaire dans les soirs et peut-être aussi la fin d'un songe en attendant qu'un autre commence, ainsi s'évoquait dans les finals crépuscules de l'œuvre à son terme le fragile fantôme, — ah! si languide, si loin déjà de la vie! — que jusqu'au dernier moment, jusqu'au moment où je laissai tomber la plume, elle ne cessa d'incliner vers moi. Et, enfin, il arriva, ce moment terrible. Des gouffres du temps elle se leva, l'heure effrayante où le spasme suprême de ces musiques désolées — éclatez, mes sanglots! résonnez, cistres de ma douleur! — délia du même coup l'âme que, volontairement, elle avait retenue prisonnière derrière les barreaux de sa vie, quand déjà la mort sur elle avait tiré les verrous. A peine ses mains eurent-elles répercuté sur l'orgue la clameur lamentable où expiraient les héros, que je la vis pencher le front et m'appeler des yeux. Son aimable corps entre mes bras ne pesait non plus qu'une tige frêle au bout de laquelle se meurt l'âme d'une rose.

— Ecoute, me dit-elle dans un souffle — un extraordinaire sourire fleurissait sa bouche comme l'âme mourante d'une rose, — j'étais morte déjà quand je te suis revenue; mon esprit seul persistait à te demeurer présent. Par l'intensité d'une volonté sans détente, je l'ai contraint — cet esprit — à éluder la loi de l'inexorable destruction. L'homme ne cède aux anges, — rappelle-toi cette étrange parole, — et ne se rend *entièrement* à la mort que par l'infirmité de sa pauvre volonté. La mienne, à force d'amour, sut reculer les délais après lesquels ma pensée eût suivi dans la tombe ma forme décomposée. Mon âme continua de vivre auprès de toi quand déjà son habitacle n'était plus qu'une masure ruinée aux seuils clos par la mort. Maintenant que l'Œuvre, pour lequel elle s'est perpétuée jusqu'à cette limite du temps, a pris fin, adieu!

Ainsi elle me parla, l'incomparable épouse à laquelle, pour d'éternels regrets, je survis. Puis son souffle passa dans le frémissement de ses lèvres; et depuis, les yeux tournés vers les célestes Hyades, je vais cherchant l'étoile la plus brillante, avec la pensée que son essence immortelle y réside. Ah! qui donc, connaissant ces choses telles que je les dis, oserait encore me parler de gloire? Mon âme est une pauvre viole morte aux musiques.

LE SUCCUBE

LE SUCCUBE

A Armand Silvestre.

Dans la loge, avec un cassement du buste, penchée dans le mouvement rapide d'égaliser sous elle les plis de sa robe, la Dame s'assit. Nul éclat lumineux de la chair, dans l'entour de décolletages dont s'éblouissaient la pourpre et l'or des loges voisines, n'irradia de son apparition sous le ruissellement des clartés électriques. Un nœud de satin noir lui ceignait le col et joignait la sévère fermeture d'un corsage modelant les élégances longues de sa taille. Avec ses gants noirs tirés jusqu'au-dessus du coude et le fusèlement de son corps mince sous le noir uni des soies, elle sembla dégager le frisson d'un Whistler surgi aux illusions de cette atmosphère de théâtre, dans l'air factice et peint.

Un étrange visage morbide, aux lèvres minces et ardentes, dans une pâleur de chair encore exagérée par les froides et vertes incandescences, fut cause de l'émoi qui soudain fit converger vers sa présence l'unanime jeu des lorgnettes. Des bandeaux plats, d'un or roux, découpaient le front impérieux et haut et ensuite ourlaient la matité des joues, comme épuisées de sang.

D'abord elle n'eut que ces gestes légers et déliés dont les femmes, au théâtre, simulent un prestige animé d'orchidées et concertent le soin délicat d'apparaître en beauté. Encore semblait-elle indifférente au frémissement de la salle. Une de ses mains bientôt se posa sur le bourrelet de velours; l'autre agita les plumes noires d'un éventail comme la palpitation d'une aile de grand oiseau, et droite, les épaules immobiles, sans une ondulation vers l'énigmatique personnage aux traits durs et aux cheveux trop noirs qui l'accompagnait et parfois se penchait à son oreille, elle demeurait tournée vers l'orchestre dont la rumeur, comme un bocage au lever du jour, déchaînait, sur un dessin confus d'accords, des thèmes épars où déjà s'annonçait la splendeur profonde de l'œuvre.

Je ne sais quelle force merveilleuse me fit tout à coup désirer voir la nuance de son regard, car, placé aux derniers rangs des fauteuils, je n'avais encore aperçu qu'un segment de ce troublant visage. Il me fallut déranger une file de spectateurs dont la mauvaise grâce à peine condescendit à me livrer passage; mais je n'y pris garde, attiré par une fascination extraordinaire. En me coulant ensuite avec méthode dans la travée le long des loges, je pus me rapprocher assez pour n'avoir plus qu'à lever la tête et m'attester la perversité satanique dont s'harmonisaient, chez cette femme d'une beauté fulgurante à force de laideur, les yeux et toute la personne.

Avec des battements lourds, ils palpitaient lentement aux clartés des lampes. Leur regard dardait une vie cruelle, des effluves fiévreux et rouges, d'une ardeur physique presque animale. Un trouble violent aussitôt m'envahit sans qu'il me fût possible de m'en notifier la cause; j'eus le pressentiment que cette inconnue qui excitait les curiosités banales de la salle avait été associée à ma vie pendant un passage qui me restait encore obscur. Du moins, ce fut la sensation qui, dès ce moment, régit toutes mes pensées et m'absorba si plénièrement que je ne me certifiai pas tout de suite le prodige qui au frivole et léger bourdonnement des voix, comme par le charme d'une incantation, depuis un instant substituait les subtiles et magnétiques ondes du plus merveilleux torrent d'amour et de douleur qu'ait épandu le génie de la musique.

C'était le prélude de *Tristan*, et j'avais traversé toute la Bohême pour venir, en ce théâtre d'une résidence royale, goûter les enchantements de ce soir voluptueux et souffrant. Puis la scène se découvrit : la mer entière ondula aux rythmes de l'orchestre et du bercement de ses houles cadença le chant des matelots, tandis que d'une plainte infinie déjà se lamentait l'âme asservie aux amoureux sortilèges que, seule, l'inévitable mort devait délier.

J'avais regagné ma place, insoucieux des murmures que soulevait mon agitation insolite, et maintenant concentrais mes esprits dans le délice et l'effroi de me sentir moi-même mêlé à ce drame vertigineux. Il sembla que la Dame étrange, comme un fantôme né d'un prestige, se fût résorbée en l'idéale région des présages où, par avance, s'accomplissait le merveilleux destin des amants.

Mais à peine l'acte fût fini, le charme du même coup se rompit : le pouvoir mystérieux qui m'avait fait quitter ma place ramena ma vue vers celle qui un instant m'évoqua une date et sur soi referma les portes de ma mémoire. Peut-être des vibrations se communiquèrent et lui transmirent l'efflux nerveux qui chargeait mes prunelles.

Elle sortit de l'immobilité et parut s'agiter subitement en divers sens, comme si elle eût cherché quelqu'un dans la salle. J'observai que ses paupières se mouvaient précipitamment ; elle semblait échapper au sommeil intérieur et résister à l'empire d'une force qui demeurait encore secrète pour elle.

Un peu de temps ses regards vaguèrent, puis se rapprochèrent, et, enfin, toute distance cessa ; nos yeux convergèrent en des cercles magnétiques où nos âmes déjà se reconnaissaient et à la fois nous demeuraient inconnues. Il fut évident pour moi qu'elle s'efforçait de renouer le lien brisé dont un des bouts flottait dans mon souvenir et qui, en un temps encore ignoré de notre vie, nous avait conjoints.

Mon angoisse avait redoublé : il me sembla qu'une frêle cloison seule nous aliénait l'un de l'autre, le brouillard léger d'une vitre ternie. J'étais sur le point de me la mémorer avec certitude et, en même temps, je craignais de voir s'effacer la diaphane ressemblance avec une image diffuse et qui cependant ne s'en allait pas.

Je ne pris plus qu'une attention distraite au cantique des extases amoureuses, car, encore une fois, la sublime musique se faisait entendre : c'était à présent le dangereux enchantement de cette nuit de la forêt où les nobles amants, ivres d'immolation, élevaient sous les étoiles, comme un spasme, la longue et ineffable modulation de leurs âmes entraînées de l'amour à la mort. Elle-même était restée frissonnante comme d'une fabuleuse rencontre après des laps obscurs. Je ne crus pas un moment que nous pussions être, cette femme et moi, le jouet de simples et déroutantes coïncidences. Nos âmes plutôt semblèrent avoir été appelées l'une vers l'autre du fond de la vie. Venues par des chemins différents ainsi qu'à un anniversaire, elles se regardaient à travers une molle nuit comme des bords opposés d'un fleuve. O! pensais-je, en quels lieux, en quelles fiançailles délicieuses et funèbres, dis-moi, spectre obsédant et paradoxal, nos destinées furent-elles si étroitement confondues que, sans tout à fait nous apparaître, il nous en reste encore le goût des baisers et de la mort? Car, à mesure, dans la nuit même de l'événement, s'avérait pour moi un rapport de choses tragiques et voluptueuses. Un sens lucide m'avertissait que la douleur et l'amour nous avaient autrefois unis, ombres asservies à un occulte et redoutable dessein.

L'immense palpitation tranquille des feuillages se brisa dans un tumulte armé; les épées furent tirées; l'âme de Tristan se voila d'agonie, et moi-même, j'étais emporté dans un orage. Quand de nouveau je regardai la Dame, la suprême péripétie accomplie, je vis que ses yeux, en se retournant vers les miens, exprimaient une souffrance égale à la plainte des instruments et des voix dans cette symphonie des afflictions.

Il me parut aussi qu'ils me suppliaient de mettre fin à des doutes plus torturants que toutes les certitudes. Et, encore une fois, les apparences se reculèrent : je fus près de me convaincre qu'un phantasme s'était joué de ma crédulité. Mais non, pensai-je aussitôt, ce n'est pas un leurre, car comment se pourrait-il qu'elle eût ressenti les effets d'une illusion en laquelle seul j'aurais été induit ? Nul doute : en croyant nous reconnaître, nous nous sommes souvenus tous les deux qu'au moins un jour ou une heure, nous cessâmes d'être l'un pour l'autre des inconnus : mais en quelle vie, si celle-ci ne suffit pas à éclaircir ce mystère? Sa pâleur encore accrue, ses prunelles éteintes, l'indicible tourment dont s'altérèrent ses traits me firent craindre qu'elle ne touchât à la mort qui déjà touchait Yseult.

Sentant bien qu'elle souffrait à cause de moi, j'essayai de détourner les yeux; mais ils retombèrent bientôt sous l'empire de l'hallucination qui m'ensorcelait, et, derechef le faible rideau qui séparait nos âmes redevint transparent comme si enfin nous allions nous apercevoir dans la vérité du souvenir. Mais l'orchestre préluda, l'ingénu et nostalgique chalumeau s'éleva des bords de la mer, et Tristan, sur son lit de douleur, appelait celle qui tout à coup apparut et fut pour lui l'amour et la mort.

Une aimantation simultanée en ce moment orienta l'un vers l'autre nos regards. Je ne puis encore définir l'expression ironique et cruelle que je crus lire en les siens : ils décelèrent la délivrance et la victoire. A moins, me dis-je, qu'ils ne raillent le pauvre rêveur hypnotisé par leurs sortilèges. Et cependant, ce sont bien ces yeux ténébreux et phosphorés qui, déjà là-bas, se fixèrent une première fois sur moi et me brûlèrent les os. A peine cette idée me fut venue, les contingences s'effacèrent, le fait se restitua tangible et immédiat. C'était la fin d'une maladie où mes jours avaient été en danger. Au lit, pendant la nuit, une créature merveilleuse, un être de chair et de sang, au visage si pâle que la décomposition subtile semblait déjà le pourrir, me visitait. Elle était rousse et nue, et portait autour du cou un collier de satin noir. Cette vierge dévorante pénétra donc sous mes draps et me mordit la bouche d'un si effrayant baiser que mon sang aussitôt fusa d'un large jet. Nos corps aussitôt se convulsèrent; le mien, dans mon effort pour lui échapper, se tordait comme un orvet blessé; et à la fin je cessai de repousser ses mortelles lèvres altérées. Tandis qu'à petits coups elle continuait de laper ma substance rouge, moi-même je buvais la vie à son cou, sous le ruban noir, ainsi qu'à une fontaine. Je ne pourrais dire si je veillais ou si j'étais endormi, non plus quel temps dura ce supplice adorable. Ma mère, entrant au matin dans ma chambre, me trouva à demi expiré et baignant dans mon sang. Nulle porte ne s'était ouverte pendant la nuit ; nous vivions seuls avec une vieille servante dans cette maison. Pourtant ce ne fut pas un rêve : stryge ou succube, mais substance incorporée, je ne doutai pas d'avoir goûté, à travers les vertiges et les affres, un délice qui confina à la mort.

Et voici que la goule soudain m'apparaissait en la Dame aux bandeaux vermeils, avec les mêmes yeux qui me brûlèrent comme des ventouses, avec la même bouche aux courtes lèvres de sangsue. Une mince fissure cicatrisée lignait son cou sous le ruban de satin noir ; ma bouche avait gardé le goût de son sang, et elle avait cet air hors de la vie dont s'offrit à moi l'homicide amour, soit qu'elle fût morte un peu sous ses apparences de vivante ou que son âme vécût loin d'elle d'une vie errante et solitaire. C'est là un effrayant mystère que seulement expliqueraient la déportation de nos âmes en dehors de nous et leurs attirances l'une vers l'autre, dans les régions du sommeil et de l'hypnose.

Cependant, sur la scène, les fiançailles d'amour et de mort s'étaient accomplies. La grande plainte un instant encore traîna, et ensuite les lampes furent baissées ; je me précipitai vers les issues. Mais la Dame aux bandeaux rouges, comme un léger fantôme, comme le vampire qu'elle était, sembla s'être dissous dans l'air de la rue.

LE SAINT LAPIDÉ

LE SAINT LAPIDÉ

A Charles Cottet.

L'horloge de la maison tinta une heure avant le jour. Le vieux Pé, au sommeil léger, déraidit ses vieux os et, s'en allant vers la porte, cria après l'homme et la femme. Celle-ci était sa fille ; ensemble avec son mari, ils approchaient de la septantaine, s'étant épousés sur le tard, après des ans de labeur et de famine, comme des bêtes de la terre. Les talons de la femme, aussitôt, râpèrent la nuit ; l'homme, à tâtons, piétina d'un pas lourd de bœuf au labour, et, tout en se vêtant, chacun disait les prières. Mais leur chétive géniture soudain s'agita; ils n'avaient osé encore la réveiller, la chérissant comme une petite idole. C'était une fille; il y avait deux ans qu'elle leur était venue, toute nouée, issue de leur maturité misérable. Comme, chaque jour, ils craignaient la perdre en des convulsions, ils avaient résolu de pèleriner ce matin-là vers un lieu miraculeux dédié à saint Corneille. L'homme assit l'avortonne en ses paumes rugueuses, la femme ceignit le bissac bombé de chanteaux de pain, le vieux Pé prit son bâton, un chêneau qui lui allait au menton. Et, ayant garni l'auge de leur truie, ils fermèrent l'huis et, ensuite, cheminèrent par les sentiers, dans le frisson froid avant-coureur de l'aube.

Tous trois marchaient déchaux, vêtus de dimanche, les hommes en sarrau et tête nue, et celui-ci ou celui-là, à voix haute, égrenait les versets du rosaire; les deux autres, en mussitant, d'un léger bredouillement labial l'accompagnaient; puis à l'unisson, après chaque chapelet, tombait *l'amen*, régulier comme une minute d'éternité, comme une pelletée de terre dans les fosses, et, de nouveau, ils recommençaient.

Au bout du village, un coq chanta, tous les coqs bientôt après s'égosillèrent, et déjà, là-haut, dans une pâleur de jour, le coq symbolique, l'oiseau de saint Pierre, à la pointe du clocher, semblait d'or. Des portes grincèrent; ils aperçurent se mouvoir par les sentes, devant les fermes, des formes grises, et toutes descendaient vers la route qu'eux-mêmes suivaient. Un peu de brouillard nocturne s'effumait des terreaux comme l'encens des messes matinales, et, néanmoins, ils distinguaient des visages d'enfants tristes, dodelinant dans le giron des femmes. Car c'était jour de pèlerinage général pour la contrée : toutes les afflictions s'en allaient vers le divin guérisseur, et une foule, maintenant, derrière eux remplissait le matin. Alors ils élargirent leurs enjambées pour être les premiers, selon la croyance que la fraîcheur des miséricordes s'use avec le nombre des intercesseurs. Et, quelquefois, l'un ou l'autre retournait la tête afin de conserver les distances.

Des roses, dans la palpitation claire du ciel, s'égalèrent à celles de leur ferveur, au fond de leurs cœurs simples. Il floconna un duvet léger de nues comme les plis aimables de la tunique de l'enfant Jésus dans l'église, et le silence des terres fut rompu. Ils avaient le visage religieux des bergers s'en allant vers l'Etoile; leurs plantaires foulaient la poussière ou faisaient s'ébouler les cailloux. Vers l'orient le chemin, joaillé de soleil, eut l'air de se perdre en Dieu. Et aucun des trois ne cessait de prier; ils marchaient du large pas des hommes levés à l'aube des âges et pèlerinant par les siècles. Ils semblaient marcher ainsi depuis que la douleur était née chez les races.

Enfin, ils entrèrent en forêt; une laie étroite sinuait à travers les taillis, herbue, feuillue, d'un sillage de procession; ils s'y coulèrent à la file, et le Pé allait devant, frappant le sol de son bâton, qu'il tenait par le milieu, les yeux bas, courbé sous les ans. Des verrières s'allumèrent dans les arbres, des rosaces immenses, ocellées de pourpre et d'or, magnifiques comme des queues de paon, et tous les merles sifflaient, d'heureux loriots égouttaient un rire clair et mouillé.

Eux seuls, dans les ondes de la vie, étaient sans joie, terreux et hâves, portant en eux leur cimetière, et, comme la chaleur montait, parfois leur salive, à force de prier, tarissait, et ils étaient obligés de donner des coups de voix rauques comme des abois. Cependant tous trois continuaient de prier; les paroles tombaient de leur bouche en terre, lourdes comme un sang noir, et le Pé, devant, tirait son bâton, avec le bruit d'os de ses membres à bout de synovie; l'homme, la femme, à la suite, alternaient le faix de l'enfant. Soudain, ils entendirent vagir les petits enfants malades dans le bois : c'était une plainte aigre et grêle et prolongée comme un orgue au loin pendant un soir d'orage, comme le miaulement de jeunes chats patiemment torturés. Alors ils craignirent que les autres mères les eussent dépassés. De nouveau, ils précipitèrent le pas; le vieux Pé un peu de temps courut en s'appuyant des deux mains à son arbre, plié sur ses jarrets, ses viscères, au creux de son buste, sonnant comme un tambour. L'homme et la femme à ses talons soufflaient. Leur *Pater* et leur *Ave* grelottaient à travers leurs hoquets d'angoisse et de fièvre. Bientôt, ils furent las et s'arrêtèrent ; mais, encore une fois, des enfants criaient dans le bois, tous les enfants malades, et ils désespérèrent presque d'arriver encore les premiers.

La forêt cessa ; ils longèrent des champs de seigle, un village, des étangs, et le soleil, déjà haut dans les airs nus, ricochait à leur cuir sec, grêlait en leurs nuques ligneuses comme des chevrotines. Ils haletaient, mâchant de la braise en feu et des prières entre leurs dents, sans songer à la faim, habitués aux longs jeûnes. Il y avait cinq heures que, d'une haleine, ils marchaient, relancés par l'espoir et la mort. A la fin, une colline se dressa ; ils entendirent venir, par delà, le bourdonnement des cloches, elles s'enflaient comme des gongs ; elles semblaient agiter d'énormes vans mystérieux. En se haussant, ils purent voir la pointe des clochers ; puis la ville propitiatrice leur apparut tout entière, et ils descendirent en courant le versant qui dévalait vers les portes, car, encore une fois, les petits enfants malades s'étaient remis à crier dans la campagne.

Dans un angle des remparts, une sculpture vénérable s'érigea : c'était l'une des innombrables statues miraculeuses qui, en cette cité, piscine des grâces célestes, attiraient des concours de peuple. Mais, déjà, des pierres en tous sens rayonnées attestaient le passage de pèlerins plus matinaux et leur firent redouter l'épuisement des miséricordes. Ils cherchèrent plus loin. Les prières leur tombaient en lambeaux des lèvres, comme becquetées par les corbeaux, et leur enfant, entendant crier les autres enfants, à présent criait avec eux, d'un miaulement aigu de petit chat torturé. Leur pas sonnait sur les dalles, comme une foule le long des galets de la mer. Un grand saint de bois, comme ils longeaient le mur d'un cimetière, doucement inclina la tête et leur ouvrit les bras. Il avait souffert d'anciens et multipliés sévices, le visage troué comme une écumoire, le nez et les oreilles en plaies, et deux petites pierres seulement, au bas du socle, paraissaient avoir été jetées récemment. Ils désespérèrent de trouver une image moins visitée, et, à leur tour, s'étant placés à une petite distance, ils tiraient de leurs poches des cailloux effilés et les jetaient vers le bienheureux, avec humilité et douceur, de toutes leurs forces. Surtout, ils visaient les parties charnues de la tête. Le bois, à chaque coup, vibrait, remué d'une vie intérieure, profonde. Et, ensuite, ils appelèrent le saint à grandes voix colères, criant qu'ils ne le laisseraient pas se rendormir aux délices du Paradis avant qu'il ne les eût exaucés. Mais leur provision de pierres s'épuisa : ils tombèrent à genoux et se lamentèrent, raidis dans leur foi barbare.

L'AME DES FOULES

L'AME DES FOULES

—

A Willem Delsaux.

J'étais venu, en cette après-midi de dimanche, jusqu'aux rives du fleuve. Un air léger, ventilé d'aromes, m'apportait la musique des orgues jouant sous les tonnelles. Là tournoyaient des robes roses, des yeux de clair été, la joie des petites nymphes venues de la ville. De l'accord des esprits et du paysage naissait la sympathie. Un effluve de sociabilité flottait dans l'heure vermeille. Et même le pauvre, autour des tables moirées de l'ombre des feuilles, dans l'odeur des vins et des nourritures, recueillait les miettes de ce faste champêtre. Sous le flot tiède silla, pour mon plaisir solitaire, volontairement écarté des ris trop bruyants, le fin argent des ablettes. Des rides d'or, autour de leur passage, agitaient l'image reflétée du ciel et en longs frissons mouraient dans le silence uni du fleuve. Ainsi me vint à moi aussi, pour cette bonté de la nature, une âme de dimanche.

Je m'assis sur la berge, au bord du songe des eaux, amolli par les langoureuses cantilènes. Une grande paix, une mansuétude infinie coulait en moi comme une rivière d'oubli, un Léthé endormeur de toute souffrance. Je m'étais, le matin même, réconcilié avec un vieil ami perdu pour un motif futile : nous nous étions embrassés en pleurant. Je me sentais aimer l'humanité entière à travers cette fraternité délicieusement renouée. Et je ne sais quel temps se passa. Je vécus la tranquillité et le léger vertige d'une petite éternité.

Elle fut rompue par un événement insolite qui, soudain, m'assujettit aux contingences et, presque sans délai, de ces limites des régions de la bienveillance me transporta dans le royaume de la démence et de la fureur. Une rumeur violente troubla l'harmonieuse après-midi; je vis fuir parmi les rires et les huées, comme une ridicule figure de masque, la laideur pénible d'un nain bossu. Il essaya de parler : un instant ses bras s'agitèrent comme en un naufrage; mais le populaire tumultua, toutes les tonnelles se vidèrent, et il se remit à courir le long des eaux.

L'être mauvais, stimulé d'impulsions aveugles, aussitôt s'éveilla : sans cause, je goûtai un amusement grossier à supputer les chances de la foule dans ce pourchas barbare. Il espéra gagner l'abri d'un seuil ouvert; déjà il y touchait; mon plaisir fut contrarié par la crainte qu'une charité intempestive s'interposât. Mais la porte se referma : je me sentis délivré d'un ennui. Alors la joie monta, frénétique. Des voix criaient : « A l'eau! » Je me surpris courant et riant avec les femmes et les hommes. Cependant j'aurais voulu savoir quel mal il avait commis; personne ne put me l'apprendre; une petite nymphe du bal, le rire en furie, envolée dans un nuage de tulles et de cheveux d'or, me dit seulement : « *Ne voyez-vous pas qu'il est bossu ?* » Ainsi me fut dénoncée la raison de ce forcènement hilare. Elle s'accordait avec ma secrète et immédiate antipathie pour l'ordre des formes violé. Je subis le ressentiment confus d'une injure, comme si de cette asymétrie de la nature résultait un outrage envers mon orgueil d'individu bien conformé.

Du moins, c'est ainsi que je m'explique aujourd'hui les correspondances qui, irrésistiblement, s'établirent entre cette jeune fille folâtre et moi, car, dans le moment même, je ne fus pas le maître d'en tirer ces déductions. L'aimable enfant elle-même n'était, du reste, qu'une des parcelles de l'âme collective qui, subitement, se trouva molestée par la révélation de l'Anormal. Le phénomène brusquement rompait la sécurité de cette après-midi de plaisir et de conformité.

Il n'en est pas moins étrange que plusieurs centaines de personnes, sans autre communion qu'une fortuite rencontre en un même lieu, puissent ressentir la simultanéité d'un commotion presque foudroyante. Je ne connaissais personne dans ce concours de populaire, il ne me fut besoin que de l'avoir accidentellement approché pour en rester touché comme par l'efflux d'un magnétisme.

Je n'éprouvais point, à vrai dire, d'aversion pour cet être destitué de beauté. Non, je ne puis croire que ce fût un mouvement aussi fort, et pourtant quelque inexplicable rancune ne se sépara pas du plaisir malicieux, de la cruelle délectation d'ironie que me causait son infirmité. Peut-être en cela, comme en l'étrange changement qui m'aliéna de moi-même, je fus porté à subir passionnément les affinités de l'impersonnalité. Cette foule et moi-même, devenu une des parts vivantes de sa quotité, demeurâmes confondus dans la nuance d'un sentiment commun sans que personne de nous, isolément eût été capable de ressentir ce que tous nous ressentions solidairement. La vibratilité de la commotion plurale finit toujours par produire des effets différents de l'impulsion individuelle. Je remarquai qu'à part une dizaine de visages équivoques, d'honnêtes matrones, des pères de famille, des hommes d'âge mûr, sédatés par l'exercice de professions avouables, composaient en majorité l'attroupement. Aucun d'eux, livré à l'instinct personnel, n'eût songé à humilier le pauvre nain, encore moins à l'accabler de sévices. Contradictoirement, agglomérés, ils s'octroyèrent, pour un dessein ignoré d'eux-mêmes, mais notoirement malfaisant, l'inoffensif souffre-douleur. Il n'avait fallu que l'exemple de l'obscure et patibulaire ramas qui détonait sur leurs visages naturellement empreints de bienveillance, rafraîchis par les toniques saturations d'une après-midi estivale. Maintenant, à leur suite, ils se sentaient chacun une petite âme de hyène et de chacal.

Il arriva que les imaginatifs voyous, par une tactique décisive, tout à coup refluèrent avec leur proie vers le fleuve. Un des pères de famille tambourinait sur la pauvre bosse avec sa canne. L'aimable demoiselle aux cheveux d'or, démenée comme une tysiphone, s'efforçait de la dépecer à la pointe des ongles. Mais un cri s'éplora, s'étouffa : une fillette, durant la bousculade, avait roulé au bas de la berge; ses frêles poignets se débattaient au dessus de l'eau. Quelqu'un, en se mouillant jusqu'à la ceinture, assuma le devoir fraternel et obligeamment repêcha cette jeune infortunée. Ce fut l'intermède nécessaire qui ravive les haines avec l'adjuvant de la sympathie : l'amour du prochain, sorti sauf de cette anxieuse péripétie où tous les cœurs sensibles un moment avaient pâti, rendit d'autant plus désirable, pour la détente des nerfs, une réaction vigoureuse. A l'unanimité, le nain fut déclaré l'auteur véritable du méchef. On prétendit l'avoir vu, d'une bourrade de sa bosse, précipiter l'enfant.

Cette conviction s'imposa si fortement que, transporté moi-même d'humanité et de colère, assoiffé de justes représailles au sortir de la commotion pathétique, je me distinguai parmi les victimaires. Rien ne subsista plus de ce jour faste qui m'avait procuré l'onctueux plaisir de la conciliation, ni de l'antérieur accord d'un doux paysage d'été avec mon esprit. L'âme publique m'envahit, le funeste choc électrique, l'ozone et les soufres de cet orage d'une foule.

Hors de sens, les carotides engorgées, répudiant le moi intime et habituel plutôt pacifique, je me ruai parmi les homicides goujats et me mis à conculquer l'avorton.

Il roula, cessa de se défendre ; la petite nymphe atrocement pilait sous ses talons la douloureuse excroissance, et ensuite il n'y eut plus place entre la mort et ce déchet des races que pour un secours providentiel.

Dans le temps même où, sans doute, il désespéra et où tout sembla perdu, surgit une Conscience. Fendue par des poings redoutables, la tourbe fluctua, livra passage au sauveur. C'était un homme du peuple, rude et cordial, aux muscles noueux d'athlète. Dans mon acharnement, je n'avais pas pris garde à l'insolite apparition qui soudain clairsema la meute des tourmenteurs. Mes mains encore étreignaient la lamentable victime et, par un lambeau de ses vêtements déchirés, l'attiraient vers le fleuve. Alors un souffle gronda : je me sentis broyé entre les bras du Juste au point de râler comme si j'eusse été choisi pour expier par la mort le crime d'une foule. Mais la miséricorde du supplicié intercéda en ma faveur. « Grâce pour cet homme ! implora l'informe rejeton qu'une mère peut-être renia. Il m'est doux de l'appeler mon frère. »

Il se tourna ensuite vers moi et me dit : « Pardonne-moi le mal que je t'ai fait en ne te ressemblant pas. Moi seul suis le coupable, puisque tu ne m'as pas reconnu. »

LA COMMUNION AMOUREUSE

LA COMMUNION AMOUREUSE

A Maurice Leblanc.

Dans ce soir discord et dur, aux aigres musiques foraines déchirant l'air orageux, dans ce soir d'un dimanche de banlieue parmi le mensonge des toiles peintes et les clameurs stupides d'une foule s'étourdissant sur son quotidien servage, j'étais venu, moi aussi, attiré par l'espoir d'un oubli momentané, par le goût d'une grossière ivresse qui m'eût libéré des accablantes contradictions de la vie. Du moins, ce fut la raison que je me donnai à moi-même pour fuir les éternels visages connus, aux expressions hypocrites et basses, ces visages qui, pour le passant soucieux des villes, sont comme le rappel des toujours pareilles humiliations, des toujours pareils ennuis.

L'homme ainsi croit obéir à des impulsions personnelles, quand celles-ci ne sont que le résultat de forces placées en dehors de lui et qu'il ignore. Il s'assigne des fins invariablement déjouées par l'événement et qui le mènent vers des buts à l'opposé de son vouloir. Mes pas indubitablement m'avaient conduit là pour que *cette chose* pût s'accomplir et parce qu'elle devait s'accomplir, pour rien autre que cela. Un calcul rigoureux n'eût pas plus ponctuellement décidé de cette rencontre inespérable et qui se réalisa cependant comme si nous nous étions imposé le devoir de nous retrouver après une longue séparation. Elle ne me fut signalée par nul prodige, aucun mouvement sensible n'en prépara l'imminence; elle advint par les exclusives vertus d'une convergence qui, à point nommé, nous fit, par des chemins mystérieux, nous diriger l'un vers l'autre.

Je me rappelai toutefois par la suite d'une

étrange agitation à laquelle dans le moment je ne pris point garde; elle se manifesta vers le troisième jour avant la rencontre, mais sous une forme qui récusa toute analogie apparente avec celle-ci. Une inquiétude sans cause définie me donna la sensation d'une part de ma volonté qui s'aliénait et sur laquelle je cessai de garder le commandement. J'allais par les chambres, en proie à un malaise que rien ne justifiait, tourmenté de la manie ridicule de tout remuer autour de moi comme si, en fouillant parmi mes meubles et mes papiers, j'avais espéré récupérer un objet perdu. Mon trouble grandit encore à mesure qu'approchait l'heure décisive et encore inconnue de moi. Je ne parvenais plus à lier deux idées, j'étais dans l'état d'esprit d'un homme qui se rend compte de sa déraison et, tout en se gourmandant, ne peut s'octroyer la force d'y mettre fin. Je me couchai pour échapper à mon ennui, et aussitôt des songes légers, aimables, des songes qui me transportèrent très loin en des régions admirables, sous des cieux tièdes, compensèrent le pénible découragement dont je m'étais senti envahi.

Le contact d'une jeune femme modestement vêtue et arrêtée comme moi devant les tréteaux emplis de la vocifération des jocrisses, me laissa d'abord inattentif. Un tumulte de populaire, pour la farce des claques et des coups de pied, sans que je prisse à ces grotesques parades un bien vif intérêt, nous avait poussés et comme insérés coude à coude dans la foule houleuse. Maintenant encore, je ne pourrais me suggérer le probable aspect sous lequel elle dut se dénoncer aux autres hommes : l'espèce de beauté qu'elle me révéla à la minute où il nous fut enjoint de nous apercevoir demeura sans rapports avec les réalités immédiates, avec les symétries usuelles qui concourent à l'idée de la beauté. Je crois bien plutôt qu'elle eût passé pour une femme qu'on ne remarque pas.

Nous restâmes un moment, bien que nous joignant par nos personnes, séparés de toute la distance qui s'interpose entre deux âmes matériellement éloignées et vivant sous des pôles différents. Je ne sentis siller d'elle à moi, dans ce frôlement de nos corps, nuls effluves, nulles électricités même simplement charnelles et telles qu'il s'en dégage des fortuites conjonctions sexuelles parmi l'animale fermentation des multitudes. La rencontre ne devint un Mystère que dès l'instant où nous cessâmes de nous ignorer; elle fut le Mystère à la limite précise où celui-ci eût cessé avec toute autre femme; et ce Mystère ne s'interrompit plus, il dura le Mystère dans toute sa plénitude et son hermétisme. Il est resté pour moi l'Inconnaissable même.

Elle tourna les yeux vers les miens; les miens furent attirés par ceux qu'elle appuyait sur moi. Il y eut là comme la tacite et simultanée subordination de nos deux êtres à une destinée préétablie. Dans un temps d'une durée presque inappréciable tant elle fut brève, tant ces deux périodes se succédèrent rapidement, nous fûmes presque à la fois des inconnus et des esprits qui n'avaient jamais arrêté de vivre ensemble. Ses yeux sans délai me mémorèrent un espace de vie où leurs miroirs reflétaient mes propres yeux, où ensemble ces yeux et les miens furent les fenêtres jumelles d'une même âme.

Cependant je ne pus me certifier dans

l'instant si c'était le visage ou les yeux de ce visage qui m'étaient connus, ni en quelle latitude et en quel temps ils m'avaient apparu. Il en émane une telle identité, me persuadai-je, que je ne puis douter que la femme que j'ai devant moi est bien un être longtemps aimé ; et pourtant je ne puis dire si c'est bien la même femme, ni même si ce fut une femme. Elle me regardait en souriant d'un autre regard que celui dont je la regardais, mais au fond duquel il y avait, sous une autre forme, la certitude aussi que nous nous étions déjà rencontrés. Nos regards étaient comme des amis qui se revoient après s'être crus perdus et en qui l'ancienne vie intérieure recommence et qui toutefois ont un peu pâli à travers l'absence et peut-être la mort. La mort ! pensai-je aussitôt que cette idée m'eut traversé l'esprit, se peut-il que vraiment ce soit la mort qui m'ait enlevé la chère lumière de ces yeux et qu'elle me revienne de par delà le tombeau comme un soleil descendu à l'horizon et qui reparaît à l'horizon opposé, comme une lumière pendant des laps sombrée aux ténèbres et tout à coup ressuscitée ?

Elle semblait ne pas mettre une même passion à sonder l'insondable, soit qu'elle se rappelât avec plus d'évidence les circonstances où nous nous étions connus, soit qu'elle se laissât aller plus simplement que moi à jouir de la délicieuse minute qui nous rapprochait. Oui, je m'attestai qu'elle sentait différemment la joie de cette rencontre qui d'abord ne fut pas pour moi une joie définie, mais un plaisir mêlé de tristesse comme si, malgré tout, la pensée de la mort y dût rester attachée, comme si un peu de crépuscule et de nuage persistât autour de la clarté de ces yeux sortis de la mort. Voilà, me dis-je, ils ne sont qu'à demi vivants, ces yeux, ils ne sont qu'à moitié réveillés... Ils ont le vacillement indécis d'une étoile dans le gouffre de l'air. Ils sont le recommencement d'une ancienne lumière naufragée et qui doucement se remet à briller, après s'être pendant des éternités tenue éclipsée.

Nous avions déserté la bruyante arène. Je n'avais pas eu de peine à lui persuader de me suivre le long du fleuve. Un soir orageux pesait sur les eaux, un soir traversé de frissons subits et qui laissait l'appréhension d'une chose encore en suspens. Je l'avais prise par la main, nous marchions sans rien nous dire comme si nos mains et nos pas aussi continuaient une autre vie et se reconnaissaient comme nos yeux.

Je la contemplais à présent aux incertains vestiges du jour dans la morne et taciturne campagne. Ce n'était plus là-haut, dans l'amas des nuées lourdes, qu'un aigre reflet subsisté des diurnes déclins, une pauvre agonie de lumière achevant de trépasser aux horizons par moment ravinés d'éclairs. Et à mesure que la nuit s'obscurcissait, il me paraissait que son visage s'enveloppait de plus d'ombre, qu'il n'y avait plus en ce visage que la surhumaine vie des yeux, comme des phares vers un lointain d'existence à nous aimer, à vivre l'un pour l'autre...

Elle cessa de me sourire, son regard n'eut plus que la tristesse d'une faible clarté en mer, d'un fanal guidant les pauvres passagers vers l'espoir des ports. Il en glissait comme un reproche pour mon endurcissement à si tardivement m'éclairer à ses bénignes lumières. Par un effort de ma volonté j'en vins à conjecturer que cette femme n'était pour moi que la transposition d'un souvenir, une parcelle uniquement de la totalité d'une vie autrefois mienne, et que ses yeux, à défaut du reste du visage, seuls m'étaient connus. Ma clairvoyance momentanément ne put franchir cette limite. Et cependant, je l'éprouvais jusqu'à la souffrance, un limbe léger, un voile mi-transparent à peine m'interceptait la connaissance absolue, mais un voile que je ne pouvais percer et qui, si frêle, n'en gardait pas moins pour mon sens débile l'épaisseur d'un mur de pierre. Ainsi, dans l'amour le plus continu, il arrive qu'on clôt les paupières pour se représenter un cher visage, mais l'image s'est résorbée aux intérieurs silences et résiste à l'appel.

Comment elle s'abandonna à mon désir de reconquérir cette part de ma vie qui m'échappait, je ne sais plus. Elle y céda sans transport, mais aussi sans regret, comme à une chose préalablement consentie, comme à un ordre des destins qui ne pouvait être transgressé. Le même magnétisme, l'incoercible puissance d'aimantation qui, du fond de l'inconnu, nous avait attirés l'un vers l'autre, sans doute fut cause que nous ne nous aperçûmes pas de la déchéance de nos âmes en cette aventure de la chair, si plutôt cette déchéance ne fut pas l'exaltation même de notre soif de nous oublier pour mieux nous ressouvenir. La scène s'entoura de chasteté ; elle ne me fit pas sentir qu'elle s'immolait, et, en s'immolant, elle eut l'air de m'être reconnaissante de son sacrifice.

Mais ce sont là encore des paroles trop absolues. Le furtif et délicieux embrassement où deux âmes ne parurent s'abandonner aux caresses que pour se pénétrer plus infiniment, affine aux ineffables ardeurs, aux pures alliances d'un mariage mystique. « Tu croyais me reconnaître, me disaient ses yeux, ce n'était encore qu'un mirage ; tu me connaissais sans me reconnaître... Mais regarde-moi bien, à présent seulement tu sais qui je suis.. ! »

L'ombre alors se déchira ; je compris que l'ami longtemps pleuré m'était revenu, que les yeux de cette passante étaient bien les yeux de mon ami, de l'unique ami qu'en un autre âge reculé j'avais vraiment aimé... C'était le même regard où si souvent j'avais lu le pressentiment d'une destinée malheureuse, ce regard charmant et triste qui toujours m'avait angoissé de la certitude de l'inévitable séparation. Par les mers, un jour il s'en était allé, nous avions cessé de nous écrire, j'avais accusé son cœur infidèle. O ami, m'écriai-je, persécuté soudain de regrets et de remords, moi seul fus inconstant puisque j'ai pu méconnaître ta présence en ce regard qui de si loin est arrivé vers moi comme la clarté d'une étoile qu'on croyait disparue et qui enfin revient illuminer la nuit! Maintenant, je sais la raison du trouble qui tout un jour m'aliéna de moi-même et par les chambres me fit vaguer en peine d'un trésor perdu. C'était toi qui déjà alors entrais en moi et me préparais à te retrouver en ces yeux où je te connus premièrement sans te reconnaître. Maintenant aussi je sais que ta destinée s'est accomplie, que la mort fut la cause du silence qui te rendit pour jamais absent de mes dilections, car se pourrait-il autrement que ce regard errant de tes yeux, dépossédé des orbites du fond desquelles il me contemplait comme avec mes propres yeux, revînt occuper ce temporaire habitacle d'un visage inconnu?

En cet instant même, elle m'étreignit d'un transport si prodigieux que je ressentis réellement jusqu'aux affres de la plus aiguë évidence notre ancienne communion affectueuse. Oui, je possédai, dans cette minute divine, l'âme évanouie du tendre ami; par la vertu des métempsycoses je le possédai dans cette chair d'une femme en qui miraculeusement s'était transfusé son être immatériel et ressuscité.

Et ce fut le dernier mot du Mystère, cette amitié qui, subitement, se complétait par l'amour et réalisa l'androgynisme promis en un autre âge à notre espoir de l'Absolu.

M'AMI

M'AMI

—

Au docteur Thiriar.

La Sœur, dans la petite pièce qui précédait la chambre de la malade, lui chuchota les dernières recommandations d'une voix mystérieuse, le doigt sur les lèvres, comme s'il allait voir apparaître la Sainte-Vierge. Et il la regarda, un peu hébété, toutes ses idées parties dans le saisissement de cette minute où, après une semaine, toute une semaine, enfin on lui permettait la visite. Il ne comprenait rien à ses paroles ; il voyait seulement le sourire presque extatique de sa bouche dans son petit visage fané, sans âge, un sourire qu'elle gardait de ses communions avec Dieu.

Chaque jour, il était venu prendre des nouvelles, sans qu'il lui fût permis de dépasser le parloir, gêné par les coiffes blanches des bonnes religieuses, se sentant vaguement un intrus dans l'air de cloître de cette maison où des frôlements de robes noires passaient vite, où de grands christs sur les murs multipliaient l'image de la souffrance. Il n'y séjournait qu'un instant; on le renvoyait d'un mot d'espoir : « Peut-être demain. » Et demain, demain, c'était l'attente indéfinie, les larmes qui lui jaillissaient des yeux quand il se retrouvait seul à la rue, les longs soirs anxieux dans la solitude du petit appartement. Il lui semblait qu'elle avait prononcé des vœux, elle aussi, qu'elle avait pris le voile. Toute une nuit, il la crut morte et qu'on différait de lui apprendre l'affreuse vérité. Et il ne savait pas oublier non plus la laide chose, cette partie secrète de son corps adorable qu'une des Sœurs, d'un attendrissement ingénu de professionnelle pour une belle opération anatomique, lui

avait montrée baignant en un bol d'alcool...
« La pièce, monsieur... voulez-vous voir la pièce ? » Une curiosité instinctive, irréfléchie, toute sa chair remontée dans une soif d'elle l'avaient poussé à regarder sans horreur, presque froidement. Ensuite, la vision ne s'en allait plus : il revoyait toujours le lambeau livide, d'un sang malade. Il se sentait lui-même atteint en ses entrailles, vivisecté par les scalpels et les ciseaux, avec une grande plaie en lui, le vide et la souffrance de ce morceau de leur vie qui maintenant macérait dans le cristal. Six jours ! Et, dans le matin d'hiver assombri du parloir, la bonne voix enfin avait dit :

— Cette fois, c'est bien demain. Mais vous serez sage... Rien qu'un moment.

Alors il était rentré fou de joie, la sentant revenir à lui du fond de la mort, heureux comme au temps où, très bas, toute rose et palpitante derrière sa voilette, elle lui disait aussi pour la première fois : « A demain ! »

— Ah ! leurs chères rencontres depuis ! Les stations dans la pluie au coin d'un square, derrière les piliers d'une église ! Les mains qui se pressaient ! L'heure toujours trop rapide ! Et plus tard leur vie d'amour, le petit ménage blotti près des toits, les délicieuses veillées sous la lampe, tout cela si loin, comme un rêve, comme un bonheur de l'autre vie ! Un jour, le mal avait apparu. Et puis les médecins, cette entrée dans une clinique où elle avait cessé de lui appartenir... Mais c'était fini : elle allait lui être rendue, et, à cette pensée, les larmes lui partaient, brûlantes, très douces, comme si toute l'agonie de cette terrible semaine s'en allait avec elles. Il baisait le fauteuil où elle s'asseyait près de lui, il avait de petits cris d'enfant blessé, dans la souffrance de son bonheur. Et il ne savait pas se décider à se mettre au lit ; il rapprochait du feu l'affectueux fauteuil où la forme de son corps s'était imprimée, où elle avait laissé un peu de l'odeur de ses cheveux, cette fine fragrance de jasmin qui la parfumait de printemps... Il dormit là du sommeil agité qui précède les grands événements de la vie, en balbutiant son nom, le front enfoui aux subtiles senteurs où il croyait respirer sa présence.

Le matin, il s'habilla comme pour une fête ; il acheta, en passant devant un char, un petit bouquet de violettes, qu'il portait à ses lèvres, qu'il ne cessait pas de baiser tout le long du chemin... Et enfin, il arrivait ; la Sœur le conduisait par des couloirs et des escaliers ; ils entraient dans la petite antichambre. Elle le laissait seul un instant, à pas étouffés se coulait derrière le paravent qui masquait la porte derrière laquelle ils allaient se revoir. C'était là, comme partout dans la maison, de sourds et moelleux tapis où les bruits se mouraient, des vitres dépolies aux clartés mortes et cette odeur fade, persistante, de phénol qui imprégnait jusqu'aux lents gestes des religieuses en leurs grandes manches... De nouveau, les pas glissèrent ; sœur Jeanne, avec son beau sourire de paradis, chuchotait :

— Surtout, soyez bien sage... Pas d'émotion. Evitez de l'embrasser...

Maintenant, son cœur ne battait presque plus ; il était sans joie, comme dégrisé d'une ivresse, il secoua la tête machinalement :

— Oui... Oui...

Mais de l'autre chambre, une voix frêle, surnaturelle, monta, le fin vibrement expirant d'un cristal, comme si elle lui parlait de l'autre côté de la vie :

— Viens, m'ami.

Alors la Sœur lui fit signe ; il respira un grand coup et la suivit, roulant son chapeau dans ses doigts, se heurtant au paravent, n'ayant plus conscience de lui-même. C'était comme s'il entrait dans la chambre d'un mort : il marchait sur la pointe du pied, il ne savait plus s'il devait pleurer. Du seuil, il l'aperçut toute pâle, couchée à plat dans la blancheur des draps, un ruban rose aux cheveux. Elle ne faisait pas un mouvement, les mains au long de son corps par dessus les couvertures, et lui souriait, les yeux noyés, languissants, d'un orient céleste. Il ne put retenir ses larmes et s'avança jusqu'au lit, se pencha pour la baiser au front, lui toucha seulement la main du bout des doigts. Puis sœur Jeanne lui montrait une chaise près du chevet, il s'asseyait, gauche et timide, et elle les laissait.

— M'ami... m'ami...

Il avait oublié ce qu'il aurait voulu lui dire,

tant de choses de chez eux : la chatte qui avait ses petits, une gratification qui lui avait été promise à son bureau, la surprise qu'elle aurait en trouvant l'appartement comme elle l'avait laissé, les chaises aux mêmes places et ses livres, sa tapisserie... En arrivant, il se rappelait encore si bien ; maintenant les mots mêmes lui manquaient : il répétait seulement :

— Mienne... mienne... O mienne...

C'était la gêne éprouvée autrefois quand il venait en visite chez sa mère. Quelquefois, ils demeuraient seuls un petit temps, et il restait à la regarder sans rien trouver, la bouche ouverte, le cœur petit. Puis la maman rentrait ; toutes les choses qu'il avait pensé dire lui revenaient, inutiles, et il était pris d'une colère contre lui-même.

Oui, c'était bien cela, le trouble des premiers aveux, les petites affres du cœur qui va s'ouvrir et reste fermé. Et c'était autre chose encore, un mystère tendre et triste, comme s'ils se revoyaient après s'être crus perdus, comme si, après être partis des deux pôles et avoir, pendant des ans, marché pour se retrouver, ils ne se reconnaissaient plus tout à fait. Un peu de la mort restait entre eux, l'étrange froid des séparations, et ils ne parvenaient pas à rattacher leurs idées, ils semblaient ne plus parler la même langue.

— M'ami... m'ami, murmurait-elle infiniment, de sa voix qui avait le tintement d'une larme sur du cristal et où elle mettait toute sa vie.

Il tira son bouquet de violettes.

— Tiens, je t'ai apporté... J'ai pensé...

— Oh ! m'ami, les jolies violettes !... Vrai, vrai...

Un silence tomba ; elle ferma les paupières comme pour mieux savourer cette minute divine, et il lui voyait au visage un grand sourire immobile comme une lumière... Alors il mit sa main sur la sienne ; il ne pensait plus à rien, et elle rouvrit les yeux ; ils se regardèrent, étonnés, ravis, d'une âme heureuse et ingénue. De légères cernures bleuissaient l'entour de ses paupières ; il la trouva plus charmante sous la pâleur de ses joues amaigries, d'une essence plus déliée et comme angélisée. Mais son regard glissa jusqu'au nuage de dentelles qui vaporisait son sein ; il songea à ce corps revirginisé par la douleur. Et tout à coup elle le vit rougir ; un petit feu aussi lui rosait la tempe, comme s'ils s'apercevaient nus dans leur désir.

Presque aussitôt, la pensée de son amour en fit naître une autre, qu'il ne put chasser : la Sœur, avec son impudeur de bonne sainte femme lui montrant la laide chose violâtre marinant dans l'alcool, la « pièce », comme elle disait. Ce débris humain, cette pauvre relique sanglante, elle l'étalait sous ses yeux, lui en détaillait les lésions en les indiquant du bout du doigt. Cette vision passa, revint. Il crut qu'il allait faiblir, retira sa main, ayant peur de la toucher, craignant de se faire mal à lui-même.

— M'ami... M'ami, disait-elle toujours.

Le vent d'une robe ondoya, frôla le paravent ; la Sœur rentra, souriante.

— Voyons, du courage... Vous avez déjà passé l'heure... J'avais dit cinq minutes.

Il se leva, résigné, plutôt délivré, le dos en boule, la gorge sèche, sans un mot tendre avec lequel il l'eût quittée. Son cœur ne battait plus que faiblement, comme quand il était entré ; il retombait aux défaillances, aux pauvretés de sa nature, semblait subir, passif, une destinée. Il fit un pas vers la porte, repris à sa timidité devant l'air sévère et doux de la Sœur ; mais, sur le seuil, une force, un magnétisme lui fit tourner la tête. Elle avançait ses lèvres dans un baiser, toute lointaine, comme une vision, comme une étoile dans le brouillard.

— M'ami... m'ami...

Cela si gentiment, d'un amour si courageux, d'un si ferme espoir !

Il crut qu'il la perdait une seconde fois ; ses larmes jaillirent ; il cria :

— Ah ! mienne !... mienne !...

Mais sœur Jeanne, sans impatience, le poussait :

— Allons, allons... puisque vous reviendrez demain...

Il descendit en trébuchant, se trouva à la rue toujours pleurant, secoué de grands sanglots.

LES ROIS

LES ROIS

—

A Henri Van de Putte.

Le père, la mère et l'enfant sont à table, comme dans les vieux tableaux. Elle est grasse, de chair honnête et désirable, un collier de grosses perles d'ambre aux plis heureux de son cou, comme l'ombre du contour de ses joues aux teintes fleuries de sa peau. Et il a large carrure, sain d'ans et de pensées, en l'août de sa force, sans nulle ride entre les sourcils ni givres dessus son poil brillant et vigoureux. Quant à l'enfant, il est fait de leur amour, séveux et frais, comme la pulpe rose d'un jeune fruit à l'espalier de la vie. Les meubles, autour de la table, parlent seuls d'autrefois; un séculaire bahut regarde d'un visage attendri d'ancêtre; mais l'air de la maison se rajeunit à la clarté sourieuse des visages. Cette très vieille maison semble avoir l'âge d'un jeune bonheur.

C'est le soir des Rois. Ils fêtent selon l'antique cérémonial cette coutume familiale, et voici qu'il entre une servante frisque et joviale portant sur un plat de Hollande le gâteau mystérieux en qui sont enclos les destins. Le couteau reluit sous la lampe comme un fer passé à la meule; le père le brandit joyeusement avant de le plonger aux odorantes frangipanes. Alors l'enfant bat des mains comme un peuple quand le roi va être élu, et les yeux attentifs de la mère sont pareils à du soleil qui entre par les fenêtres d'un palais et éclaire un berceau.

— Le Roi ! dit le père en cueillant la fève dans la pâte blonde.

Il ceint ses tempes de la couronne en papier d'or; sa barbe couleur de froment mûr, annelée et soyeuse, évoque un jeune mage d'Orient avant le malheur des rois. Et, avec solennité, il choisit sa Reine, il institue le Prince ; l'aimable servante est promue Echanson.

Les rois, d'une grande soif, se délectent au sang de leurs peuples commué en fontaines de vin. De rouges vignerons, pour les désaltérer, infiniment vendangent aux vignes de la Mort. C'est pourquoi la servante, investie de sa charge glorieuse, incline en riant la cruche symbolique, pleine d'un ardent jus de raisins. Mais une cour sans son fou n'est qu'une image imparfaite : la Folie est aussi près de la couronne des princes que la Mort ; le fou marche dans l'ombre du roi et répète derrière-lui son geste, comme son ombre même. Et voilà pourquoi le Roi à la barbe blonde délibère avec lui-même, perplexe, lequel sera le Fou dans cette maison de sages.

— Eh bien ! dit-il gaiement, approchez une chaise de la table. Celui qui viendra et s'asseoira là pendant que nous consommons ce repas, celui-là sera le fou.

L'illusion alors les égale à leur rang. La Reine, par dessus la nappe chargée de fruits, éploie ses belles mains cerclées de bijoux ;

d'une grâce royale, elle caresse le chien vassal et le chat courtisan. Le Roi rit et boit comme un vrai roi, comme un dieu. Et tous deux se réjouissent en l'enfant qui pour montrer qu'il est prince, casse sa poupée en la cognant contre sa chaise. Oh ! qui pourrait troubler en leur joie de si bonnes gens ! La lampe éclaire sous leur peau le cours d'un sang rose et quiet, espoir des durables dynasties. Tout est prestige autour de leur royauté; les marbres et les métaux naissent de leur désir et changent en salle de festin l'humble chambre de leurs rires fastueux. Mais une ombre a passé devant les vitres brillantes et regarde la chaise vide dans cette maison de bonheur où un hôte est attendu. Et ils ne savent pas sous quel doigt a frémi la vitre frêle.

— Va voir, dit le Roi à la servante, et qu'il entre, celui que nous envoie le hasard.

Mais la plaisante jeune fille n'a aperçu dehors qu'un pauvre homme qui lui a tendu la main.

— Peuh ! fait le Roi, ce serait pour nous trop maigre aubaine. Un grand roi comme moi n'a coutume de s'entourer de si chétives engeances. Va lui porter ce quartier de gâteau, et qu'il s'en aille !

La servante revient au bout d'un instant.

— Il dit qu'il n'est pas un mendiant, qu'il ne s'en ira pas avant que vous ne soyez descendu lui parler. Les réverbères n'étaient pas encore allumés : on ne lui voyait pas bien son visage. Cependant il m'a paru avoir des manières humbles et polies.

— Eh bien, s'écrie le Roi, va le trouver encore une fois et demande-lui son nom après l'avoir fait entrer.

— Oh ! rit la petite masque, ce n'est pas qu'il soit de riche harnois. Il porte d'énormes souliers couverts de terre, comme s'il avait longtemps marché, comme s'il venait du fond des campagnes. Il pourra bien attendre debout dans le vestibule...

De nouveau, elle revient après un petit temps.

— Il n'a pas voulu dire son nom. Il a dit que c'était inutile, qu'on le connaissait ici comme partout. Il me demande de ne pas le faire attendre trop longtemps. Il a affaire, prétend-il, dans une maison voisine.

Le Roi autoritairement secoué la tête, et sa couronne, dans ce mouvement brusque, comme si un vent avait passé. Il la rajuste et dit :

— Maintenant, ô ma Reine, ne pensons plus qu'à nous... Il ne faut pas qu'un obscur sujet nous dicte la loi... C'est sûrement un fou, mais pas celui que nous espérions... Toi, Echanson, emplis ton office.

— Si c'est un pauvre, comme tu crois, dit doucement la Reine à la servante, fais-le entrer à la cuisine et offre-lui la meilleure chaise près du feu.

Mais, comme ils choquent affectueusement leurs verres, ils entendent un pas lourd dans l'escalier. La jeune varlète encore une fois descend, puis remonte.

— Oh ! dit-elle en riant plus fort, il n'y a plus moyen d'en avoir raison. Voilà qu'il a monté les six premières marches. Il m'a dit qu'il était mieux là pour attendre, qu'ainsi vous auriez moins de chemin à faire pour venir le rejoindre. Et il riait gentiment ; je l'entendais rire derrière sa main, mais sans apercevoir son visage.

— Il faut que tu le pries de redescendre, dit la Reine. Il ne convient pas qu'un hôte, si pauvre qu'il soit, attende dans l'escalier comme un chien. Et puis tu prendras garde à ce que toutes les portes soient bien fermées... Oui, ferme bien toutes les portes.

Le Roi élève la voix :

— Vois, nous n'avons pas mangé la moitié de ce gâteau. S'il est pressé, qu'il passe d'abord chez le voisin; il pourra toujours revenir ensuite.

Mais le bruit des pas tout à coup s'est rapproché, et, entre eux, ils se moquent de la hardiesse d'un si pauvre homme. Ils n'auraient pourtant qu'à lâcher le chien pour le mettre en fuite. Mais cette bête s'en est allée flairer sous la porte avec de petits cris d'enfant en rêve. La folle servante, cette fois, n'est pas longue à revenir.

— Maintenant, il est sur le palier.... Il dit qu'il y a trop longtemps qu'il attend, qu'il est fatigué d'attendre. Il vous prie de lui envoyer l'enfant à votre place si vous ne pouvez quitter la table. C'est un vieux seigneur, je crois, tombé dans la manie. Il a des façons insinuantes, il dit qu'il aime beaucoup les petits enfants.

Alors leur joie redouble; ils lui font offrir de venir occuper la chaise vide, réservée pour le fou. Il renvoie la servante en la remerciant. Non, il a les yeux faibles : la lumière des lampes lui fait mal. Et il insiste pour qu'on lui confie l'enfant.

— Eh bien, dit le Roi, mène jouer l'enfant auprès de lui, afin qu'il prenne patience. Voilà seulement que ce gâteau s'achève, et il nous faut encore manger ces fruits.

Mais l'enfant tarde à revenir : sans doute, il s'amuse de quelque tour d'escamotage dont le divertit le vieux seigneur.

— Va donc voir, dit le Roi à la servante, ce qu'ils peuvent bien faire ensemble derrière cette porte. On a tout à fait cessé d'entendre la voix de l'enfant.

La belle fille fait comme son maître lui a commandé, et ils entendent de grands rires dans l'escalier. Sa gaieté, quand elle reparaît, est vraiment digne du jour des Rois : elle eût pu sans déroger tenir l'emploi du fou.

— Oh ! dit-elle, voilà à présent qu'il s'est avancé jusque derrière cette porte. Il a voulu me retenir par ma robe; il me chatouillait le cou d'une main froide et très douce... Je meurs d'en rire. Et, maintenant, il demande que la Reine vienne à son tour. C'est un homme à l'air un peu étrange et dont la tête, peut-être, bat la campagne. Il faudra bien que nous y passions l'un après l'autre.

Le Roi boit une rasade, puis dit à la Reine :

— Puisqu'il te demande, pourquoi n'irais-tu pas ? Je n'en ai plus que pour un instant à égrapper ce raisin. Ensuite, je le reconduirai doucement vers la rue en le priant de nous laisser tranquilles.

Elle se lève, et il lui paraît qu'au moment où elle dépasse la porte, son beau visage brillant tout à coup a pâli comme s'il ne la voyait plus qu'à travers le souvenir. Mais les rois ont des soifs mystérieuses : ils tariraient des fleuves. Et il appelle l'Echanson.

— Je crois que je deviens réellement un roi. Aide-moi à porter ce verre à mes lèvres.

— Oh ! comme ils rient ! s'écrie la joyeuse commère. Jamais il n'y eut fête pareille dans la maison. Maintenant, il n'a plus qu'à pousser du doigt la porte pour être dans la chambre. Ah ! ce serait là un amusant convive s'il n'avait pas si peur de la lumière !

Quelqu'un cogne fortement l'ais, comme, tout à l'heure, on cogna à la vitre. Et une voix durement les interpelle.

— Est-ce que vous aurez bientôt fini de me faire attendre ? Je suis pressé. Je n'ai pas le temps de repasser.

— Oh ! oh ! s'exclame la servante en cessant de rire, ce n'est plus là sa voix. Il n'eût pas parlé comme cela... Il doit y avoir une autre personne avec lui.

Ensuite, on n'entend plus rien, mais une main sournoisement remue la clef dans la serrure, et, à petites fois, le bas de la porte coup sur coup est ébranlé.

— Pourquoi as-tu fermé cette porte ? dit le Roi, légèrement hagard. Tu sais pourtant que ma femme et l'enfant sont là. Ils ne pourraient plus rentrer s'ils en avaient le désir. Rouvre la porte, te dis-je, et va voir ce qu'il nous veut.

— Tenez, voilà que c'est fini, répond la servante; maintenant il se tient en paix. Oh ! nous allons recommencer à rire !

Mais, presque aussitôt, les grattements reprennent, comme si une bête fouissait le plancher sous la porte. Puis celui qui est dehors supplie humblement, sans colère :

— Oh ! il y a si longtemps que j'attends. Est-ce que la petite servante n'est plus là pour m'ouvrir ? Pourquoi l'homme ne vient-il pas vers moi ?

D'une pression d'épaules lente et continue, on cherche à faire sauter la serrure. Une main écharnée passe entre les joints, comme celle d'un vieux nègre malade.

— Mais il va tout casser, gémit le Roi, en laissant tomber son couteau. Tout à l'heure, il n'osait pas entrer, et voilà maintenant qu'il se croit le maître. Eh bien, ouvre-lui, puisqu'il n'a plus le temps d'attendre.

— C'est cela, oui, ouvrez, dit la voix. Il vaut mieux éviter l'esclandre. Voyons, m'ouvriras-tu, petit serpent ?

La petite servante n'ose pas et fait un signe de croix. Et la voix reprend :

— Ouvrez, ouvrez, ou j'enfonce... Je suis à bout de patience.

Alors elle se décide, défait le tour de clef, et la porte, violemment, bat contre le mur ; un grand vent s'irrue dans la chambre et éteint la lampe. Heureusement, une lueur darde des fumerons de l'âtre, une pauvre petite lueur comme un reste de vie là où déjà sont entrées les ténèbres. L'inconnu va droit à la chaise restée vide, et il est très grand : sa tête touche au plafond; il n'a plus l'air d'un vieux seigneur aussi humble. Ensuite il rit et s'assied.

— Vous savez, dit-il, je n'aime pas qu'il y ait trop de monde là où je vais. C'est pourquoi j'ai fait sortir d'abord la femme et l'enfant. Si vous m'aviez écouté, vous seriez venu le premier : nous aurions pu causer. En général, je m'adresse d'abord au maître de la maison. Ah! elle était grasse et dodue; l'enfant aussi promettait...

Le Roi blêmit et jette sur la table sa couronne en papier d'or.

— Dites, où est ma femme ? Où est l'enfant ?
— Ils sont allés faire un petit tour là-bas.

— Là-bas ?

— Oui, là-bas, là-bas... Ne faites pas attention.

Le mauvais hôte, en se tordant de rire, ramasse le ridicule symbole et se le plante au creux des tempes.

— Maintenant, dit-il, je suis à la fois le Roi et le Fou. On dresse la table pour les autres, et c'est moi qui râfle le dessert. J'ai toujours le meilleur morceau. Toi, l'homme, va dire qu'on mette la housse aux chevaux du corbillard. Et toi, la fille, prépare le lit. Tu as la peau douce : nous nous dirons un mot sur l'oreiller.

LE BIENFAIT PARDONNÉ

LE BIENFAIT PARDONNÉ

A A. Mariani.

Un bruit d'eaux battues monta comme d'un trou, dans le paysage matinal. Puis un silence, et tout à coup un grand cri étranglé. Le Vieux, à quelques mètres de là, bêchait un carré de terre. Il se dressa, le fer de la bêche en l'air; un buisson touffu interceptait la vue de la rivière. Encore une fois, le cri s'élevait. Quelqu'un sûrement se noyait; l'endroit, avec un grand fond au pied de la berge raide, était réputé périlleux. Il aperçut deux bras qui frappaient l'air; une tête effrayante plongea, puis reparut. Une paix de vie, sous le soleil fumant d'avril, planait, loin des maisons.

Le Vieux toujours avait eu peur de l'eau, il ne savait pas nager. Maintenant le cri semblait mort en cette face verte, toute crispée d'épouvante et d'agonie. Il n'y eut pas de débat chez ce pauvre homme des champs. D'un grand pas, il coupa la distance qui le séparait de la rivière; les dents serrées, ayant gardé sa bêche en son poing raidi, il sauta.

Le silence des eaux une seconde s'aplanit sur l'engloutissement: il se sentit couler très bas, sans fin, comme d'une tour; et soudain les masses humides s'infusaient de lumière infiniment douce et grandissante. Une chose mousse, démesurée, légère, flotta. Tous deux, repoussés par les densités élastiques, s'étreignaient à la surface. Mais le trou encore une fois les aspirait, ils plongèrent dans la mort.

Le temps s'abrégea, une éternité dura la minute d'un râle. Il pensa : Mon Dieu ! et crut avoir dit tout ce qu'il savait de prières, prêt à paraître devant l'Eternel. Ensuite, il était dans un cimetière, il jouait avec une petite, la fille d'un voisin; et elle tombait contre une croix, le père arrivait, les battait l'un et l'autre. Il y avait quarante-trois ans qu'elle était morte.

Le jour comme un fer rouge lui cava les prunelles; il revit la berge, but tout le ciel d'une gorgée; et un tumulte de vie, l'instinct du salut le gonfla d'une force miraculeuse. En s'aidant du flottement de sa bêche, il put atteindre la rive, s'accrocha aux saillies d'une racine. Il n'avait plus conscience qu'ils étaient deux : le noyé s'englobait, se transsubstantiait en lui. De sa main libre il s'accrocha à la berge raide, mais cette chair morte, sans prises, horriblement lourde, l'entraînait chaque fois qu'avec les ongles il se hissait. Alors il sentait sous lui l'effroi des eaux; le trou le pompait d'une succion, il croyait tout fini. Et, encore une fois, la vie revenait ardente, furieuse, il faisait l'effort désespéré de se cramponner à cette terre qui le rejetait.

Enfin il parvint à planter puissamment sa bêche comme un pieu; il y noua ses mains; ses muscles se câblèrent, il eut l'espoir que Dieu ne lui en voulait plus et lui pardonnait ses offenses. Tous deux ensuite roulèrent expirés sur la crête.

Le Vieux, au bout de très peu de temps, rouvrit les yeux. Une force immense de charité subitement rompit sa léthargie, un pouvoir eucharistique, comme s'il se fût assimilé l'âme d'un saint. Dans l'herbe foulée, un beau jeune homme nu gisait, ruisselant d'eau et de soleil.

Très doucement le secourable compagnon se mit à lui souffler son haleine au visage, dans les narines; les affres glacées ne se dissipèrent pas. Il ôta sa veste, fit sauter sa chemise à la trame grossière et se coucha au long du corps. Il le serrait entre ses bras, contre sa nudité reprise à la chaleur du sang, d'un grand transport fraternel. Il redevint le premier homme livrant sa vie et donnant son étreinte pour le rachat d'un autre homme inconnu. Une flamme intérieurement le brûlait, une très ineffable jouissance d'humanité supérieure pour cette créature périssante et sauvée par lui. A la fin la chair algide commença de se tiédir aux ardeurs de sa pitié; les bras se déraidirent; il vit ressusciter du fond des ombres, sous la puissance d'amour de ses lèvres, la lumière incertaine d'un premier et nébuleux regard.

Le Vieux ressentit une secousse profonde, comme si une part de sa vie organique se détachait et soudainement était transférée en ce corps jeune et brillant, comme si par un prodige il s'apercevait revivre soi-même dans le frémissement de cette immobilité inespérément rompue. Son maigre squelette dépouillé par les ans et les famines se redressa : il touchait le jeune homme avec des mains respectueuses. Et seulement alors, se voyant nu, lui aussi, sous l'œil qui le regardait, il resta accablé d'une grande honte, comme pour une mauvaise action.

Le sens maintenant réintégrait le noyé.

— Oui, je sais, nous étions cinq amis... Moi, je me suis écarté, j'ai nagé pendant une demi-heure, puis une crampe m'a pris... Allez! je n'oublierai jamais que vous avez sauté à l'eau pour moi.

Il lui prenait ses mains mangées de calus, les serrait dans les siennes gentiment, virilement, avec une passion de reconnaissance.

Il se mit à rire quand le Vieux, dépouillé, gardant uniquement ses caleçons en lambeaux, lui octroya le reste de sa misérable vêture. Cet homme simple riait aussi, heureux, ému jusqu'aux larmes pour cette gaieté des vingt ans sortie vierge de la mort.

Des appels lointains éclatèrent : « Léon ! Ohé ! » Sur le fourmillement lumineux de la rivière, dans le battement accéléré des rames, une barque se détacha.

Maintenant, debout sur la rive, les mains en cornet, le beau jeune homme criait aussi :

— Ohé ! Ohé !

On fit fête au Vieux, on l'étreignit vigoureusement. Il fut obligé de recommencer trois fois son récit.

— J'étais là à bêcher dans le champ, j'pensais à rien qu'à faire ma journée quand j'ai entendu le cri. Ça venait de la rivière. Tous mes sangs me sont remontés, j'étais comme fou, et alors je m'ai jeté, je croyais plus en sortir, j'ai fait ma prière.

Ensuite il parla d'aller retrouver sa terre : en prélevant sur sa méridienne un supplément de travail, il aurait fini de bêcher son carré avant la nuit. Et il les suppliait de ne pas ébruiter la nouvelle pour ne pas indisposer son maître contre lui.

— Comprenez, c't homme me paie pour ma journée, j' lui dois du travail... Si quelqu'un se noie et que je lui viens en aide, c'est pour mon compte..... Faut être honnête !

Mais les compagnons se refusaient à le laisser partir. Comme il avait perdu ses sabots en sautant, ils lui offrirent de lui en acheter une paire à la ville. Et ils insistaient aussi sur d'autres profits probables s'il consentait à visiter le père de Léon. Il hocha la tête.

— J'peux pas, non, j'peux pas, vraiment. Y a la terre, y a le maître ! Et tant qu'à mes sabots, ça ne me gêne pas d'aller d'sus mes pieds nus, ah bien non !

Le jeune homme, à présent, lui restituait sa chemise et ses braies, ayant retrouvé ses propres habits dans la barque. Et comme le Vieux, en s'excusant, se vêtait, il sourit et lui prenant la main, les yeux clairs et féminins :

— Vous ne me refuserez pas, à moi... Voyons! Après ce que je vous dois...

Le Pauvre ne sut pas résister à cette prière d'une amitié si franche. Personne, en ses âges d'homme, ne lui avait parlé avec cette fraîcheur d'âme et de visage. Ses joues tremblèrent, il balbutia :

— Ah! bien, pour vous... pour vous...

Assis dans la barque repartie, le dos en boule, il demeura à savourer la jolie peau blanche du jouvenceau comme un gain précieux, comme un héritage. Il se figurait la palper encore, la frôler de la caresse de ses doigts râpeux. Rien qu'à se rappeler ce contact suave, un baume lui rafraîchissait le cœur, un délice puissant. Et perdu dans des sensations ingénues, bornées, il établissait un rapport inexprimable entre le nom et la personne, riant d'un large rire heureux :

— Alors comme ça, c'est m'sieu Léon qu'on vous nomme?

Le père, un rentier de province, grand, long, coriace, ne témoigna qu'une gratitude relative. Cependant, estimant qu'il faut encourager les bons sentiments, il commanda à la servante de réunir un lot de hardes. Il le congédia ensuite en lui coulant un écu de cinq francs dans les doigts. Le Vieux considérait la pièce, un peu honteux, n'ayant pas l'air de comprendre la raison de cette munificence.

— Vous êtes bien honnête... Vous êtes bien honnête...

Mais tout à coup, se rappelant la paire de sabots promise, il éprouva un scrupule.

— Si c'est pour ce que je crois, ça n'vaut qu'un demi-écu, dit-il, j'vas vous remettre l'autre demi.

Le père, bonhomme, s'éjoya :

— Gardez-le, mon ami, pour boire à notre santé.

On le traîna dans des débits. Il fut acclamé après la harangue d'un étudiant planté sur une borne. Il n'éprouvait nul orgueil, mais seulement une douceur d'entrailles pour le bel enfant sauvé des eaux. Sur le tard, il s'en alla, regagna son village, la tête chaude.

C'était le premier bonheur de sa vie de misère et de déréliction. Il était sans amis et sans famille. Tout petit, quelqu'un l'avait trouvé ; il se rappela uniquement une femme qui le battait, et comme il était né ridé, on l'avait dénommé le Vieux. Des ans de servage suivirent : il ne savait ni lire ni écrire, passait pour un simple. Une fois, étant valet dans une ferme, il s'était senti du goût pour une chair de belle fille ; ils allaient se marier ; il la surprit dans les bras d'un homme. Sa virilité ensuite s'était tannée, toute sèche, devenue comme une écorce. Il ne souffrait pas, vivait sans joie, terré dans ses sillons, humble et vaillant à l'égal de la bête.

Maintenant avec le joli éphèbe une famille lui naissait ; il perçut très confusément qu'il avait vécu pour cette heure inouïe ; il soupçonna au-dessus de lui comme l'avénement d'une date miraculeuse. Son être fruste se sensibilisa, les divines sources de l'amour jaillirent.

Il attendit le dimanche, puis repartit pour la ville, rasé, frais de linge et d'habits, comme les matins de Sainte-Table. Le père l'accueillit honnêtement et lui fit servir à manger dans la cuisine. Il s'enquit avec timidité « si monsieur Léon était là, » sans faim devant le pain et le fromage. Léon rentra, lui serra fortement les mains, et tout le pain s'engloutit entre ses molaires actives. Ensuite des parents arrivèrent ; le beau jeune homme, bruyant, neuf d'âme encore, avec fierté leur montra son sauveur comme une propriété, comme un apanage personnel.

— Sans lui, vous savez, c'était fini de moi... Allez, je lui dois une fière chandelle.

Le Vieux s'amusait de sa joie, ne le quittait pas des yeux, d'une admiration candide de pâtre pour un Jésus de cire aux crèches de Noël.

Il revint les dimanches suivants. C'était comme un sacrement, comme une Sainte Messe qui l'attirait, la béatitude d'une communion avec une essence supérieure. Il apporta des fruits, des fleurs ; il le força à accepter un panier d'œufs. Son salaire de la semaine passait à ces achats. Quand Léon le remerciait, il avait un petit gloussement heureux.

— Mais non, vous voulez rire... Le plaisir

est tout pour moi : c'est comme si je le donnais à ma bonne amie.

Il tenait un petit temps sa main fine entre ses doigts gourds, et d'un ronron d'adoration animale attachant d'en bas de lourds regards humides sur les clairs yeux qui lui souriaient, il soupirait :

— J'suis bien content, allez, j'suis fameusement content...

Le bon jeune homme finissait par l'emmener au café, lui payait de délicats élixirs que l'autre savourait à petites fois, comme la liqueur même de sa délectation. Et à tous les survenants, il le présentait d'un emballement gamin :

— Mais dites-lui donc que c'est beau, ce qu'il a fait... c'est de l'héroïsme, ou je ne m'y connais pas. Ah! oui, un cœur de brave homme, une âme évangélique... Et le plus drôle, c'est qu'il ne s'en doute pas lui-même.

Le Vieux se rencognait, gêné de l'éloge, tout petit sous les grands mots dont il ne saisissait que l'amplitude. Léon le bourrait amicalement, criait plus fort :

— Oui, oui, une âme de saint, tu m'entends, vieille bête !

Ce tutoiement, en les apparentant d'une semblance d'intimité familiale, mollissait jusqu'à l'extase le rural.

Le thème du sauvetage, complaisamment détaillé, à la longue se varia de nuances : le Vieux l'avait repêché tandis que la crampe le mordait, mais presque instantanément les forces lui étaient revenues ; sans aide il avait pu grimper la berge. Un amour-propre délicat, le regret de l'épisode final lui persuadait d'atténuer l'intégrité du drame. Le Vieux docilement acquiesçait ; peut-être il finissait par être moins sûr de l'évidence, confiant uniquement en cette bouche charmante et absolue.

Or il advint que le tendre ami, réprimandé par les siens à cause de cet attachement vraiment trop disproportionné, dut argumenter pour se libérer quelquefois des assiduités du vieil homme. Celui-ci alors tranquillement replantait sa casquette, disant :

— Ne vous gênez pas, m'sieu Léon. Ça sera pour une aut' fois.

Au bout du troisième mois, comme une après-midi timidement il s'introduisait, apportant entre les quatre nœuds de son foulard une fouace à la belle croûte d'or, il se heurta au père qui sévèrement discourut :

— Mon brave homme, il ne faudrait pas abuser cependant des avantages que le hasard, en vous faisant retirer mon fils des eaux, vous a donnés sur lui... Croyez-moi, ce jeune homme est bien assez puni déjà... D'ailleurs, nous ne voulons rien vous devoir... Voilà encore cinq francs, et ne revenez plus.

Le Vieux le regarda penaud, étourdi, tout pâle, n'ayant perçu que l'injonction finale. Il déposa sa fouace sur la table, sans rien dire, et prit machinalement l'argent qu'on lui tendait. Mais sur le seuil, apercevant la pièce entre ses doigts, il revint sur ses pas :

— J'l'ai point gagné; excusez si j'en veux point, de vot' argent.

— Ingrat! fit le père, outré pour l'endurcissement de cet homme désintéressé jusqu'à décliner les effets de sa gratitude.

Il revint rôder les soirs de dimanche autour de la maison, n'osant plus reparaître aux clartés du jour, terrorisé par la majesté de l'autorité paternelle. Cette crainte bientôt opprima ses heures. Là-bas, aux champs, peinant sous l'ondée, il fatiguait ses esprits à vainement sonder le motif des rigueurs qui les aliénaient l'un de l'autre. Il n'incriminait pas le cœur pour lequel il brûlait d'inaltérables ardeurs. Même parjure, il l'eût attesté reconnaissant et fidèle. C'était une religion obscure, un culte de lâtrie ainsi que pour une idole très haute, un amour tendre et frais comme pour une vierge, et il le diligeait suavement, en outre, comme un fils.

Un jour, étant à remuer la terre non loin de la rivière, il s'entendit appeler. Il leva la tête et aperçut Léon marchant à lui par les guérets.

— Je voulais te voir, lui dit ce jeune héros, beau comme les dieux. Il ne faut pas que tu croies que je pense comme mon père. Tiens, regarde plutôt, je pleure en considérant cette eau d'où tu m'as retiré. Mais je puis bien te le dire, ta noble action ne m'a guère profité. J'aimais ma cousine; réfléchis qu'elle est riche et qu'elle m'était fiancée. On me la refuse à présent pour la faute d'avoir exposé trop légèrement une vie dont je n'étais plus le maître, puisqu'elle lui fut promise.

La candeur du serf des glèbes s'humilia en ce cri :

— Me pardonnerez-vous jamais, mon doux monsieur, tout le mal qui vous arrive à cause de moi?

— Mais je ne t'en veux pas à ce point, protesta le précoce pharisien en souriant.

Il le considérait avec bonté, de la claire et ingénue jeunesse de son œil.

Onctueusement il reprit :

— Ecoute, j'étais venu aussi pour te dire ceci. As-tu déjà réfléchi qu'en toute cette aventure le plus beau rôle indéniablement te fut réservé? Je ne te le reproche pas. Mais observe combien il eût été préférable pour tous deux que le contraire fût arrivé.

D'un geste impérieux et tendre, lui imposant les mains sur les épaules, il l'attira :

— Mais oui, comprends donc, tu devenais mon obligé, ce qui semblera toujours naturel de la part d'un homme de ta classe... Eh bien, en nous y prenant adroitement, nous pourrions remettre les choses en l'état qu'il convient. Il suffira d'ébruiter que c'est moi qui te sauvai des eaux et que ma modestie uniquement fut la cause de la fraude par laquelle je consentis à passer pour le noyé. Ainsi je n'aurai plus à rougir de l'infériorité que me crée vis-à-vis de toi l'événement. Et ta prérogative, je n'aurai plus de peine à te la pardonner, puisque dès ce moment je l'aurai oubliée.

Le Vieux se courba, rayonnant, jusqu'à ce que sa bouche touchât le vêtement de l'Elu.

— Soyez remercié, ô doux monsieur, dit-il, maintenant plus rien ne manque à ma reconnaissance. Car cette chose-là, j'en avais eu la pensée ; mais n'était-ce pas trop inespérablement beau pour un pauvre homme comme moi d'être sauvé par un jeune homme tel que vous ?

LA FEMME AU BONNET VERT

LA FEMME AU BONNET VERT

Au docteur Spehl.

J'avais inutilement demandé à ma propriétaire de changer le papier de tenture de ma chambre à coucher. C'était un horrible papier vert, acide et « atrabilaire » — j'insiste sur le mot bien qu'il paraisse excéder les limites de l'analogie. Chaque fois que je le regardais, mes yeux étaient blessés ; sa couleur discorde et vénéneuse, suggestive des pires toxiques, offensait mon penchant à la sympathie. Tout mon être aussitôt se réticulait ; mes dents crissaient comme irritées par des verjus ou des citrons. Ou bien j'étais couvert de papilles en croyant ouïr le grincement de mon l'ongle sur un carton glacé, le rais déchirant d'un diamant de vitrier, le cristallin suraigu d'une plainte d'harmonica. Je n'ai jamais aimé en musique que les cuivres, les tambours et le hautbois; le violon et les clarinettes me procuraient des sensations d'écorché râclé par un archet.

J'avais encore un autre ennui : je revoyais distinctement ma mère, une grande femme dure et maigre, au visage méchant comme ce papier. Même enfant je ne l'embrassais que sur son ordre; mes baisers se heurtaient à ses os et me faisaient mal; je croyais baiser une tête de bois. Il est possible que mon père soit mort de ma mère, je ne l'ai jamais connu. Mais elle, je l'ai bien détestée.

Je résolus de tenter une dernière démarche auprès de mademoiselle Durepie. Je la voyais sans plaisir, par nécessité. D'ailleurs, elle n'avait rien d'aimable : petite, sèche comme un silex, un visage à repasser un couteau dessus, et toujours se frictionnant les mains, ayant l'air d'effacer une tache d'encre, un geste bête et humble dont j'ai horreur. Etait-ce une créature nocive et digne d'exécration ? Je ne le crois pas, je ne l'ai jamais cru. Elle était avare et portait, l'été comme l'hiver, un bonnichon de laine verte rétréci par les lessives.

Je choisis l'heure où j'étais le plus sûr de la voir, c'est-à-dire le soir. Elle était dévote et habituellement rentrait après le Salut. On était toujours certain de la rencontrer à l'heure des chandelles, son vieux psautier et son chapelet en ses mitaines noires, toute recroquevillée dans sa petite robe vert drap de billard et son châle à palmes jaunes effrangé. Elle habitait au fond d'une rue étroite une ancienne maison qu'un prêtre avait longtemps habitée avant elle, et dont le jardin, un enclos touffu, fait retour sur la venelle voisine. Mademoiselle Durepic possédait deux grands immeubles sur la Place et tout un quartier de misérables logis d'ouvriers au faubourg. Elle passait pour intraitable, ne transigeait pas sur la ponctualité du terme. Au fond, cela m'intéressait médiocrement, je ne ressentais contre elle nulle haine.

Je tirai faiblement la sonnette, je ne voulais

pas l'indisposer par une brusquerie qui du reste n'était pas dans mon caractère. Je l'ai dit, j'incline à la sympathie, je suis plutôt bienveillant. La vieille servante arriva du fond de la maison, traînant ses chaussures sur les dalles.

Un verrou fut tiré. Je parlementai à travers l'entre-bâillement de la porte, sous la filtrée rouge d'un flambeau dont elle éclairait la ruelle. Cette voie, dès l'entre-chien-et-loup, est dénuée de vie; il faut que je précise pour que l'on me comprenne. Elle débouche dans un recoin perdu, un pauvre carrefour solitaire où s'ouvre le porche d'un Béguinage. L'autre rue, le long du jardin, obliquement sinue, bordée de vieux murs, de clôtures défoncées, et va rejoindre en tortuant le quartier de l'église. Il n'y a qu'une lanterne à chaque bout de la ruelle. A dix pas de la demeure de mademoiselle Durepie, de l'autre côté du pavé, s'étend derrière un lattis la tonnelle d'un petit café, médiocrement achalandé. On peut très bien tuer quelqu'un dans ce grand silence des maisons sans que personne voie passer l'assassin.

— Tiens, c'est que vous, monsieur Paul! me dit cette femme très dévouée à sa maitresse et qui partageait son peu d'estime pour les petits locataires comme moi, bien qu'elles en vécussent toutes les deux. Mais je lui avais fait don, un jour qu'elle arrivait toucher le loyer de mon appartement, d'une paire de bottines éculées; elle m'en gardait une certaine reconnaissance. Mademoiselle justement vient de rentrer. Essuyez bien vos pieds au paillasson.

Elle était, en effet, dans la petite pièce du fond, tout au bout du vestibule. Elle passait ses chaussons et se plaignit de ses durillons. Son fauteuil joignait la table, le dossier tourné vers la fenêtre du jardin. Elle m'apparut plus laide encore que d'habitude sous la clarté basse de la lampe. Je fus désappointé, quoique j'y fusse accoutumé, de lui voir sur la tête son horrible bonnet vert dont la couleur instantanément me rappela mes intimes souffrances.

Cependant j'arrivais sans intentions agressives. Je m'étais promis de rester jusqu'au bout conciliant. Je n'eus pas un mouvement d'impatience quand elle me refusa de changer mon papier vert.

— Est-ce que je ne porte pas du vert, moi? Est-ce que le vert, mon cher monsieur, m'indispose, moi?

Micheline, la servante, reparut; elle avait coiffé son bonnet à grands ruchés frisés comme des choux et tenait dans les doigts son chapelet.

— Alors comme ça, je vais, dit-elle. Si le père Athanase n'est pas trop regardant, j'en aurai pour moins d'une heure à faire « ma confesse » et revenir.

— Bon, c'est ça, ma fille. Et ne manquez pas de faire un bon acte de contrition.

J'entendis battre la porte de la rue. Nous restâmes seuls, mademoiselle Durepie et moi. Je n'avais pas pensé à cela, cette éventualité était restée en dehors de mes prévisions. Cependant, entre une vieille fille de son âge et un jeune homme du mien, rien ne pouvait se passer que de parfaitement honnête et bienséant. J'avais pris mon chapeau sur la table et moins pour insister, — je savais à présent l'inutilité de toute requête, — que par un retour machinal à l'objet de ma visite, je traînai sur cette phrase :

— Ainsi donc, mademoiselle, c'est dit, vous ne voulez pas changer cet affreux papier vert ?

Elle avait pris un tricot dans la corbeille et sans me répondre, hocha négativement la tête.

Je ne sais pourquoi, ni comment je pensai tout à coup que si j'avais eu quelque sujet de rancune violente contre elle, si je m'étais senti des propulsions criminelles j'aurais pu, placé comme j'étais à côté de son fauteuil, et rien qu'en abaissant mes mains, l'étrangler sans que personne en cette demeure vide, dans cette rue aux maisons sourdes et muettes, vînt la secourir. Cette vertigineuse conjecture, en raison de son exorbitance même, m'amusa. Je me figurai très lucidement, avec complaisance, que j'étais venu pour la tuer et la piller ensuite. Je regardais les meubles, j'inspectais la chambre. Je considérai longuement un bahut dans le retour de la cheminée en m'efforçant de soupçonner lequel des tiroirs de ce meuble lui servait à serrer son argent. Ingénument, par un déroutant paradoxe démentant ma droiture foncière, j'étais entré dans la peau d'un meurtrier, je me suggérais le geste concentré et le fixe regard froid qui précèdent un dessein homicide.

Un petit silence coula; j'eus un battement de cœur... Si cependant cette suggestion, en apparence purement volontaire, par conséquent éliminable à mon gré, résultait de la cauteleuse et imprévue expansion de l'individu latent, coexistant en moi ! Si, tandis que je me flattais de créer, dans la plénitude du sens, une péripétie simplement romanesque, je subissais déjà les poussées inconjurables de l'être atavique, par exemple !... La réflexion revint, ma supposition me parut si irrésistiblement folâtre que je me mis à rire et que, tout secoué par cette hilarité insolite, je m'écriai :

— Figurez-vous...

Un sursaut léger lui déprima les épaules; elle releva la tête de dessus son tricot et me regarda, surprise plutôt qu'inquiète. J'allais tout lui dire; mais, au moment de parler, la langue glua à mon palais, peut-être redoutaije qu'elle ne me prît au mot. Et, biaisant, rusant, par une prudence non moins ridicule que ma conjecture antérieure, je lâchai à brûle-pourpoint :

— Ma mère vous ressemblait un peu et portait aussi un bonnet vert... Je ne l'aimais pas.

Je fus honteux de ma sottise et lui souhaitai le bonsoir. Elle m'accompagna avec la lampe jusqu'à la rue; un instant je restai à lui tirer mon coup de chapeau dans le carré de lumière rouge élargi sur le mur d'en face.

Je remontai la ruelle, j'enfilai deux autres rues presque aussi silencieuses : je ne pensais plus à mon papier vert, je me moquais seulement de mes aberrations. La masse sombre de l'église s'estompa dans le soir; un petit feu, comme une clarté d'aurore, rosissait le haut des verrières. Maintenant il m'eût paru tout aussi déraisonnable de pénétrer dans la nef, d'y chercher dans l'ombre d'un confessionnal la vieille servante et de lui apprendre qu'on avait étranglé sa maîtresse. Cependant cette fable grossière eût pu s'enchaîner comme la complémentaire du drame absurde où j'avais joué un rôle mental.

Soudain je restai les pieds cloués, les entrailles froides. En combinant les imprévus possibles, rien ne s'opposait à ce qu'après le départ du faux assassin, un assassin véritable se fût glissé dans la maison. Par un bizarre phénomène cérébral, je me serais, en ce cas, assimilé l'événement en suspens; prémonitoirement j'aurais fait le geste et conçu l'exécution du crime qu'un autre allait accomplir. L'approche du meurtrier, en vibrant magnétiquement dans les ambiances, reflexement eût agi sur moi.

Une conclusion s'imposa foudroyante. Comme c'était moi le dernier visiteur entré chez mademoiselle Durepie, Micheline n'aurait pas de peine à prouver que j'étais l'assassin, que je devais être l'assassin.

Aussitôt les affres me mouillèrent, je sentis confluer les plus accablantes conjonctures. Très vite je redescendis la ruelle en retenant mon souffle, l'oreille tendue vers de possibles rumeurs, vers l'ébruitement d'une présence ténébreuse. Je scrutai la serrure, je n'osais pas tirer la tringle de la sonnette. Je me glissai ensuite le long du mur du jardin; je remarquai pour la première fois qu'une porte desservait ce côté de l'habitation.

Le carillon de la demie sonna à l'église; j'avais entendu tinter le quart au moment où je quittais « ma victime ». A moins de concevoir une rapidité de réalisation exceptionnelle, quasi inadmissible, un aussi bref espace de temps n'aurait pu suffire à la consommation de l'acte abominable. Il faut que décidément j'aie perdu la tête pour méconnaître à ce point les évidences, pensai-je en me fortifiant dans ce raisonnement. Aussi bien une paix profonde régnait, les portes et les volets joignaient hermétiquement.

A peine calmé par ces rassurantes certitudes, une nouvelle angoisse me laboura. Il ne me semblait plus possible que le crime ne fût pas commis. C'était le pressentiment d'une chose inéluctable et dont s'agitait en moi à présent l'imminence comme si moi-même y devais être mêlé. Je résolus de faire la garde, de surveiller la maison et les alentours. Je ne faisais là après tout que défendre ma peau. Mais un voisin, inquiété par la régularité de ce pas équivoque dans le soir, ouvrit sa porte, resta à me guetter du seuil. Agacé, les nerfs horriblement pincés, je me glissai alors dans le petit café et me fis servir de la bière sous la tonnelle. De dessous les verdures, à travers le lattis, mes yeux s'étendaient jusqu'à la maison; il n'y avait que la vue du jardin qui m'échappait.

J'évitai le rais lumineux filtré de l'intérieur, je me ramassai dans l'ombre, je ouatai mes mouvements comme une chauve-souris blottie en un recoin. Bientôt je constatai qu'à force de m'observer, depuis que j'étais revenu dans cette rue, je prenais exactement les allures clandestines de cet assassin dont je tâchais de déjouer les machinations. Je me rendis compte que je m'enferrais à plaisir. En mettant les choses au pis, si l'on m'incriminait, le voisin et le cafetier ne manqueraient pas de témoigner de ma station prolongée devant la maison. Je me vis devant les robes rouges, je pensai à l'honneur de mon nom, j'avais travaillé à en faire le nom d'un honnête homme.

Je changeai d'attitude, je m'efforçai à des gestes naturels. Un ouvrier passa, il me parut qu'il s'attardait en rasant la porte. Je me levai, et, du bord de la tonnelle, le suivis des yeux tant qu'il s'effaça dans le lointain de la rue. J'aurais voulu étouffer jusqu'au bruit autour de cette maison. C'était en moi, multipliée, centuplée par les nécessités de ma sauvegarde personnelle, une sympathie filiale, amoureuse, pour la vie de la femme au bonnichon vert, pour cette femme de la vie de qui ma vie à moi dépendait. Elle me devenait chère comme un ange gardien, comme mon suppôt, comme ma propre sécurité.

— Heureusement, songeai-je, Micheline ne va plus tarder à rentrer : il me serait impossible de vivre plus longtemps sous l'accablement de ce sentiment mortel à force d'intensité.

Encore une fois, les marteaux de l'heure retentirent. Je sursautai : il y avait une heure et demie que j'attendais, les autres sonneries du carillon avaient glissé sans répercussion sur mon esprit absorbé. Je me rappelai seulement alors la porte de sortie dans le mur du jardin.

— Mais, me dis-je, si la servante, à mon

insu, était rentrée par cette porte pendant que l'assassin perpétrait son œuvre, elle y aurait passé, indubitablement, comme sa maîtresse.

Mes idées de nouveau se brouillèrent. J'oubliai que la vraisemblance démentait l'hypothèse du fait accompli. Cependant je ne ressentis d'abord aucune commotion violente. Au contraire l'événement, entrevu sous cet angle, m'allégea momentanément. En effet, Micheline supprimée, c'était un témoignage qui, si monstrueusement basé sur de simples et mensongères apparences qu'il fût, n'en pouvait pas moins me perdre. Je fus presque tenté de me réjouir. Mais alors d'autres poussées, l'atrocité d'un tel crime, l'urgence d'un secours, la lâcheté de mon égoïsme tumultuèrent en moi. L'humanité la plus élémentaire me prescrivait d'intervenir, de donner l'alarme.

Je réglai ma dépense. Je me jetai à la rue. Quand enfin mes doigts tremblants osèrent s'accrocher à la sonnette, j'étais supplicié des plus terribles angoisses qu'il soit donné de ressentir. Les vibrations métalliques tristement se moururent aux profondeurs muettes de la maison. Je sonnai une seconde fois; c'était maintenant comme le fracas d'un gong prolongé aux douloureuses sensibilités de mon être. Je ne lâchai plus la tringle et sonnai coup sur coup, tout en reconnaissant l'inutilité de mon appel en cette demeure des ombres. Je me représentais le crime avec certitude, je revis la petite pièce du fond, le cadavre dans son fauteuil, la clarté pâle de lampe s'épandant sur la bousculade des meubles.

Un bruit monta, s'étouffa; toute ma vie se concentra dans les perceptions de mon oreille. J'entendis grincer une porte, sans doute la porte du jardin par où s'échappait le criminel. Les battements de mon cœur étaient si violents que je me sentis perdre connaissance. Et, soudain, des pas approchèrent prudents, assourdis; une main tira le verrou. Je vis apparaître entre les vantaux, dans la lueur du flambeau, le visage maussade de Micheline. Il me fallut toute ma force pour lui demander :

— Mademoiselle est là ? Elle est toujours là ?
— Mais certainement.
— Et, dites-moi, *elle vit encore ?*

La servante eut un haut-le-corps, le flambeau trembla dans sa main.

— Si elle vit?... Mais oui, paremment.

Je la repoussai sans colère ; j'étais animé plutôt d'une grande bonté : je lui pardonnais de ne pas avoir été tuée, comme je l'avais cru. Mais elle pouvait se tromper, elle devait se tromper : peut-être n'avait-elle pas revu sa maîtresse en rentrant de l'église. Je me rappelle le ton de douce fermeté, de tranquille résolution avec lequel je lui dis :

— Laissez-moi, ma bonne, ma chère Micheline. Je dois voir mademoiselle, bien que ce soit miracle, si j'arrive encore à temps.

Je poussai droit à la chambre, je marchais sans volonté ; je subissais comme une force hors de moi. La porte était ouverte ; je l'aperçus dans son fauteuil, tricotant sous la lampe. Elle vivait !

Je demeurai un assez long temps interdit, comme pour un leurre de mes sens, une hallucination me la montrant avec les apparences du souffle quand je la savais expirée. Elle me parlait : je ne faisais nulle attention à ce qu'elle disait, je voyais seulement remuer ses lèvres. Puis subitement, il me parut éprouver comme un déliement; un large courant passa en moi, de la joie, de la reconnaissance.

Je ne la vis plus laide, elle possédait un visage exquis, la grâce immatérielle d'une créature ressuscitée. Je lui pris follement les mains :

— Vous... vous! Je vous avais cru... malade, morte... (Les mots enfin sortaient). Allez, je suis heureux, heureux... Je ne vivais plus...

Elle se défendit, me repoussa, de toute sa peur de l'homme, de toute l'horreur d'une vieille fille dévote pour un contact charnel.

— Je ne veux pas, laissez-moi, criait-elle, presque sans voix dans son saisissement et sa frayeur.

Je parvins à reprendre une de ses mains et la serrai avec violence. C'était inexplicable : je ne cessais pas de ressentir la plus vive, la plus tendre sympathie et j'agissais comme un homme en qui la fureur s'éveille. Elle me frappa le visage du poing. Je ne doutai plus qu'elle ne se méprît sur mes intentions. Une voix me souffla : « Tu venais pour la délivrer et c'est toi qu'elle prend pour l'assassin ! »

Je la maintins dans son fauteuil, mais, comme elle continuait à crier, je lui tirai la tête en arrière et de toutes mes forces j'appuyai ma main sur sa bouche. L'idée qu'elle voyait en moi un meurtrier, en m'obligeant de me défendre subitement contre les conséquences d'une si déplorable supposition, coulait en mes doigts la sauvagerie indomptable du crime.

Maintenant qu'il m'est donné de débrouiller froidement, comme s'il s'agissait d'autrui, les fils de ce drame extraordinaire, je remarque combien la logique, dans mon cas, se mêla aux impulsions les plus obscures, les plus opposées en apparence à toute logique. J'en arrivai, par un enchaînement fatal de circonstances, à tuer logiquement une créature humaine contre laquelle ne m'armait nul goût de vengeance. La pensée du meurtre était entrée en moi comme une éventualité fabuleuse, presque dérisoire. J'avais subi la subordination de mon être conscient à un être passif promu au rôle d'exterminateur. Un futile prétexte avait suffi, l'ennui que me causait mon papier vert; le reste s'attesta comme l'aboutissement de la prédestination. Mon geste, mon attitude continuement avaient convergé vers l'événement. Cependant j'avais cru revenir là avec les charités d'un sauveur, de l'illusoire sauveur dont je m'étais attribué la mission. En dépit de toutes mes dénégations, j'apparaîtrais le nocturne assassin préméditant son coup. La logique me commandait d'accorder mes actes aux apparences.

Je l'étranglai donc en lui criant à travers mes dents serrées :

— Tu n'as pas voulu me renouveler mon papier vert... Eh bien, horrible femme, meurs de ma main, *puisque aussi bien tu dois mourir ce soir.*

J'ai dit la vérité, toute la vérité. Je n'ai plus rien à dire. Quand Micheline, attirée par le bruit du fond du jardin où elle taillait du bois pour son feu du lendemain, pénétra dans la chambre, elle me trouva me roulant à terre, déchirant ma chair avec mes ongles, l'écume à la bouche, les sens partis. La crise dura plus d'une heure; ensuite on m'emmena; voici près de trois mois que j'attends en prison le châtiment ou la libération.

Je veux ouvrir mon âme jusqu'au bout. Le crime consommé, je ne sentis nul remords; je n'ai réellement été malheureux qu'avant cette sombre et définitive minute en pensant à l'horreur d'être puni pour un meurtre dont un autre se fût rendu coupable.

LE PASSANT PROVIDENTIEL

LE PASSANT PROVIDENTIEL

A Emile Verhaeren.

Il était matin encore quand je débarquai en cette petite ville : le train qui devait m'emporter vers ma destinée ne partait que dans l'après-midi. J'avais près de cinq heures à moi. Immédiatement l'air d'anciennes reliques des torves et délabrés pignons, allégories d'une gloire périmée, éveilla en mon esprit un culte de mémoire. Je pensai aux races, aux vierges sages, aux folles courtisanes, aux héros pompeux, à l'aventure des âmes ardentes et belles que connut ce peuple.

Maintenant une fine cendre d'oubli pleuvait

sur les fastes éteints, l'araignée des solitudes tissait entre les toits le suaire où reposait enseveli un passé solennel. Dans les rues, au bord des canaux, erraient des ombres pâles et dolentes, de pensives figures de misère et de silence ; elles allaient inquiètes, furtives, comme cherchant une place où dormir à leur tour, où déposer le fardeau inutile des jours. Des places, toutes vides, aux masures closes, aux fenêtres long voilées de rideaux, semblaient attendre le passage des prêtres pour la levée du corps. Une tristesse de veillée pesait dans l'air humide, dans l'odeur de vieilles choses moisissant derrière les portes. Je vis se glisser des coiffes blanches sous le portail d'un béguinage ; elles tournèrent, comme des vols lents d'oiseaux, autour d'une tombe creusée fraîchement dans l'herbe ; et ensuite elles disparurent, je ne vis plus que la pointe des croix par dessus le mur du cimetière.

De frêles jeunes filles derrière les vitres, les mains sur les genoux, des mains très blanches et gothiques, doucement agonisaient en de la dentelle. Mes yeux, aux carrefours, aperçurent de petites Maries qui leur ressemblaient et qu'honoraient d'humbles luminaires. Et c'était très doux, infiniment languissant, comme le mal délicieux de sentir son sang s'en aller par une veine ouverte, comme de lentement trépasser soi-même en joignant les doigts et implorant les Providences. Ça fleurait l'hôpital et l'oratoire et le petit jardin des religieuses. Une senteur de buis et de résédas se mêlait à de l'encens froidi, à une subtile pestilence de pauvres chairs malades.

J'avais tout à fait oublié la vie, je ne pensais plus à l'angoisse des lendemains. J'éprouvais seulement une petite peine, le charme de légèrement souffrir pour quelque chose qu'on ne sait pas, de soupirer sans grande conviction pour le chagrin d'un autre. Il me semblait que j'avais là quelque part un parent mort, que j'étais venu pour accomplir un pieux devoir envers un vieil homme expiré la nuit aux mains des sœurs secourables, dans un refuge.

Les cloches sonnèrent à une église : un corbillard absurdement décoré de plumets et d'antiques voitures de deuil stationnèrent devant le parvis. Je suivis les gens vêtus de noir qui pénétraient sous le porche ; je me glissai entre les rangs de chaises jusqu'aux grands cierges braséant à l'entour du catafalque. Le penchant à l'imitation, peut-être aussi la curiosité et l'invincible attrait de la mort m'avaient poussé à entrer comme les autres. Je déposai mon chapeau devant moi et, les mains au rebord de ma chaise, je considérai l'assistance. Je pus me convaincre bientôt qu'elle ressentait avec indifférence la perte du défunt. Les fronts s'inclinaient, demeuraient penchés sur les pages de l'Office des Morts et l'affliction en était absente. La disparition d'un vivant ne devait guère laisser de vide en cette ville du vide et de la mort. Ces gens, d'ailleurs, en leurs pâleurs exténuées, en leurs petites toux souffreteuses montant dans le crépitement des cires, m'apparurent eux-mêmes moribonds, les extrémités déjà froidies par l'approche des affres finales.

Un grincement de chaises déchira les dalles : le monde se leva pour l'offrande. Un clerc à mesure passait les bougies ; de las et insignifiants visages se collaient à la patène; en défilant autour des draps funèbres, la plupart eurent l'air de processionner pour leurs propres funérailles.

Je m'avançai avec la foule, je pris le luminaire qui m'était tendu, j'évoluai dans le brasier des hauts cierges, je saluai la famille. Jusqu'alors je n'avais pris attention qu'à ce concours de peuple réuni pour un pieux devoir. Le mort m'était resté négligeable. Mais revenu à ma place, il me parut qu'un lien s'établissait entre nous. Je me figurai qu'il me gardait de la gratitude pour mon hommage désintéressé. Rien ne m'y avait contraint; peut-être à mon insu avais-je cédé à une obscure sympathie.

La sensation d'un corps dur et froid dans ma main me causa soudain quelque surprise : c'était un écu de cinq francs. Je ne me rappelai pas tout de suite que celui des deux servants préposé à la restitution des bougies me l'avait coulé dans les doigts. Je regardai discrètement autour de moi et m'aperçus que plusieurs des assistants avec satisfaction glissaient leurs mains dans leur poche. La vénalité n'entra pour rien, du moins je le crois, dans l'estime que presque instantanément je vouai à ce trépassé magnifique. Ce fut plutôt la conjecture de son importance dans la ville, de la situation élevée que sans doute il avait occupée, de la considération publique attestée par l'affluence qui se pressait à l'offrande. Je tâchai de me représenter cette existence probe et comble. Il avait fait le bien, il avait pratiqué les œuvres de justice et de bon secours, il laissait une mémoire. La somme de ses vertus aurait pu s'illustrer de cette épitaphe.

L'atmosphère, imprégnée de cire et d'oliban, de moites et précieux évents, nourrie de senteurs suggestives évoquant la fragilité des consciences et de la vie, mollement m'énervait, développait ma sensibilité. Le grésillement des cierges, comme le travail léger d'une âme pour se délier, comme le brasillement d'un holocauste, aussi me prédisposait à des pensers religieux et tendres. Aux chants de l'orgue, aux longues rumeurs comme des voix catacombales, comme des nénies expiatoires succéda le dernier chant des prêtres. Puis le glas sonna, on tira la bière aux ors ciselés; la curie entière s'achemina vers la sortie.

Maintenant de nouveau j'étais repris à mon indifférence. Les pratiques du rituel n'étant plus là pour m'exalter, je me paraissais passivement accomplir un banal cérémonial. J'entendis se refermer sur le corps les vantaux du corbillard. Un petit remous tumultua, les assistants escaladèrent le marchepied des voitures. Sans nul vouloir préconçu, sans qu'il se mêlât à cet acte aucun calcul prédéfini, je pris place à mon tour dans un des carrosses drapés où déjà trois petits vieux s'étaient assis.

Le convoi s'ébranla; je repassai par les rues silencieuses, par les places aux rideaux tirés comme pour la levée d'un cercueil. Une analogie à présent s'avérait entre la mortuaire ville et le cortège où moi-même j'étais mêlé à une foule inconnue et qui menait ce mort au cimetière. Mon sens subtil, selon toute apparence, s'était éveillé à de mystérieuses correspondances, avait pressenti l'événement.

Les petites coiffes blanches n'étaient plus dans l'enclos vert ; mais des mains pâles de frêles jeunes filles, les douces agonisantes entrevues derrière les vitres, soulevaient les rideaux et nous regardaient décroître aux carrefours.

J'ouïs sortir de la bouche des petits vieux la louange du mort : ils se réjouissaient surtout des largesses de la famille ; chacun d'eux avait reçu comme moi le denier de la reconnaissance. J'évitai de les interroger et me persuadai que c'était là une coutume obéie par les âges. J'acceptais d'ailleurs toute chose sans étonnement, comme préalablement consentie et réglée selon un ordre immuable. La mémoire du défunt parut grandir avec leur gratitude : ils vantèrent sa moralité, sa probité, ses mérites civiques. Je confirmais leurs dires d'un hochement de la tête. Il semblait que nous nous connussions depuis longtemps.

Enfin nous arrivâmes devant le champ. Le char se rouvrit ; tous les fronts se découvrirent au passage de la bière s'en allant au silence d'une allée vers une architecture glorieuse. Je ne savais ce qui allait se passer ; je vivais comme hors de ma volonté. Nul plan concerté à l'avance ne m'avait conduit en ce lieu. Cependant j'agissais comme si un devoir encore ignoré mais auquel j'étais dévolu m'eût prescrit de me mêler à la foule. Il y eut une molle poussée quand les cordes se dévidèrent et laissèrent glisser le cercueil dans le caveau. Mais tout de suite après, le désintérêt recommença. L'habitude de la mort assoupissait ces âmes crépusculaires et leur rendit l'insensibilité, comme pour un deuil déjà oublié. Même les deux fils considéraient d'un air las le définitif évanouissement. J'écartai tranquillement les personnes les plus proches et m'avançai vers l'ouverture du souterrain. Les têtes se tendirent, un léger frémissement courut.

Je tirai alors de la poche de mon habit un papier que je ne dépliai pas pour bien marquer que je pouvais me passer de ce texte ; et, à mon tour, je fis l'éloge du mort, je prononçai un discours substantiel où je retraçai son existence vouée au bien. Je n'éprouvais nulle gêne à parler. Je n'eus qu'à me rappeler les habituels lieux communs dont on honore les actes presque toujours vulgaires et les obscurs sommeils de conscience des honnêtes gens. J'estime que je ne parlai pas autrement qu'il convenait, car, quand j'eus fini, des mains s'avancèrent, les compliments furent unanimes.

Je me retirai discrètement tandis qu'ils s'interrogeaient en me désignant du doigt. Je comprenais maintenant pourquoi la vie m'avait imposé cette escale et pourquoi j'étais descendu parmi ces ombres. Le pauvre avait eu pitié du riche et de son mauvais or inutilement dépensé. J'étais la charité du passant pour un autre qui avait passé. Et il me semblait qu'avec le mort j'avais enterré la ville, toute la ville.

L'HEURE HALLUCINANTE

L'HEURE HALLUCINANTE

—

A Emile Van Arenbergh.

Deux fois encore le cor au loin sonna : c'était comme l'âme de cette terre triste et qui dans le soir expirait. La grande lande s'évanouit aux rumeurs, il n'erra plus qu'un vent de silence gémissant et doux. Longuement, du haut de la dune, les quatre hommes regardèrent s'éteindre le couchant.

Un goût de solitude les avait amenés en ce désert, un regret des temps nomades. Ils avaient fixé aux piquets les bouts flottants de la tente. Celle-ci, comme une touffe plus haute dans le déferlement fleuri de la bruyère, se dressa aux ultimes clartés roses. Maintenant le bon serviteur, après avoir fidèlement voituré le vivre et l'abri, s'en était allé aux brumeux horizons violets, là où le cor en les adieux pleura. Il n'y eut plus que le ciel et la plaine. Ils purent se croire un reste des humanités primordiales, ou bien les derniers hommes sur un plateau, attendant les ténèbres définitives.

D'abord les volcans célestes éruptèrent. Une fournaise troua l'occident. Des fontes en lacs profonds coulèrent des cratères. Dans la forge aux enclumes d'or quelqu'un passa tenant entre ses poings le soleil comme une Tête suppliciée.

Alors l'âme du Juge divagua : il professait une fraternité secourable aux erreurs humaines. Cependant, songea-t-il, le glaive et le bûcher, plus sûrement que les charités, opèrent le rachat des races misérables. La vraie pitié absout et frappe : il faut savoir étouffer avec amour dans un embrassement : c'est le principe essentiel. La Tête ouvrit d'infiniment tristes et miséricordieuses prunelles ; un regard s'en répandit qui ruissela comme une eau lustrale, comme l'oubli et la rémission des torts de l'homme. Mais le Juge ne vit pas le pardon ; il ne vit que le rouge tronçon ; celui-ci lui commandait un sévère et inflexible devoir. Dieu même décollait son soleil chaque soir depuis l'éternité, pour le châtier d'avoir éclairé l'ignominie du monde. Les pourpres et les ors fluèrent comme des carotides tranchées ; ils épanchèrent les entrailles magnifiques d'une agonie. Des nuées, à l'opposé, dans la région froide, où se levait l'étoile, s'éclaboussaient, restaient teintes de sang, ainsi que les témoins d'une expiation. Il jugea que l'Ordre éternel lui donnait raison et se rêva couvert de la simarre rouge, assis sur un haut ossuaire à l'image d'un Grand Inquisiteur.

Une Atlantique aux houles améthystes de proche en proche se créta de falaises ; elles semblèrent les remparts derrière lesquels s'était accompli le meurtre du jour. Maintenant, de lourds gallions quittaient les havres ; des tartanes légères, des bricks haut mâtés s'enfonçaient aux écumes du large. Les nuages de soie autour banderolaient en pavillons ou se gonflaient en voilures immenses.

Toute l'armada, comme un vol de grands cygnes, splendidement cingla vers la mort du soleil. Et aussi des archipels en fleurs montaient du fond des mers, flottaient à la dérive ainsi que des jardins merveilleux, dans le sillon des hauts navires.

Le Harangueur des foules pensa : Etre le roi solitaire de toutes ces îles! Des plages toujours plus loin s'étendaient, des sables électriques, de longs duvets d'ibis roses. Lentement elles se vaporisèrent, on cessa d'apercevoir les archipels et l'armada. Dans les gloires océaniques, par dessus les gouffres lumineux, uniquement émergea un grand vaisseau mort. C'est le vaisseau de ma vie, se suggéra-t-il, là-bas roulant vers les terres promises et que je ne verrai pas. Il vogue sans capitaine ni matelots. Mon âme seule y resta; elle expie aux fers dans la cale ses destinées abjurées. Le fantômal vaisseau bientôt dans l'or des houles n'est plus qu'un point ténébreux. Alors il s'écrie : « Attends, attends, navire! je renouerai de tes câbles les morceaux de ma vie. Mon âme rompra ses fers et dans les haubans te servira de vigie. Ensemble nous appareillerons pour le rêve des conquistadors. Je serai l'argonaute violateur des Colchides ».

Ensuite ce mirage rapidement croule. Une cité de fer et de grès s'érige, la splendeur terrible d'un Londres aux moellons et aux métallurgies démesurés. Puis des kremlins aux dômes myriadaires surgissent et s'émiettent. Une Carthage périt dans les souffres et les poix. Il naît un amas confus d'alhambras, de minarets, de cathédrales aux verrières joaillées. Le troisième des quatre, un Tailleur d'images, comme l'eût rubriqué la vieille langue, darda les prunelles, à son tour visionné. Il lui parut que la terre se fendait en carrières prodigieuses : des esclaves nus, sous des airs torréfiés, en extrayaient des marbres beaux comme une promesse de vie. Lui seul commandait à ce troupeau servile et toujours les secrètes matrices dégorgeaient : par tas innombrables s'exhumaient les nobles dalles pentéliques. Des rampes, des escaliers au flanc de tours et de tours escaladèrent l'horizon fulgureux : des portiques s'accumulèrent béants, aux altitudes rouges; il pantela en tous sens des architectures. A lui seul était dévolue la gloire de peupler les agoras; les symboles naissaient sous ses maillets; il sculptait dans les nues des rythmes héroïques. Tout le ciel marchait avec le geste de sa pensée, tout le ciel vivait son Œuvre. Il se rêva très grand, l'atlas des piranésiennes coupoles... Ensuite les blocs se rompirent; des leviers, des dynamites firent éclater les métaux et les cipolins. Un suprême cataclysme dispersa leurs écroulements dans les fournaises solaires refroidies. Des nains, d'agiles kobolds ténébreux à présent broyaient dans les mortiers nocturnes les dernières clartés, puis les semaient en cendres blêmes à travers l'abîme.

La lande s'ensevelit aux ténèbres; il ne régna plus là-haut que les Pléiades, comme la pitié des mondes sur le cadavre de la terre. Elles s'allumèrent l'une après l'autre, trèfles et lys aux jardins de la nuit, clous d'argent auxquels pendaient les mortuaires tentures de l'espace. Cependant un astre fixe et rouge, Mars, semblait un tison échappé aux forges vespérales et brûlait avec colère.

Aucun des compagnons ne parlait plus. Ils avaient subi les sortilèges du soleil, père des exagérations. Comme les lointaines humanités, ils avaient été exaltés hors d'eux-mêmes par ces forces et ces splendeurs ; ils avaient vu luire les prodiges. Maintenant, la vieillesse de l'univers les reprenait ; ils se sentaient très seuls, et malheureux, abandonnés par l'illusion. A des lieues, tout était solitude ; il eût fallu marcher longtemps avant de voir briller une lumière sous l'auvent des fermes. Et une grande tristesse montait de la dune, se plaignait dans le vent malade. Elle était, depuis les anciennes mers, la vierge et la veuve ; le soc ni la herse ne l'avaient fouie.

Puis ils consommèrent la Cène, se partagèrent le vin et le pain, comme en un soir des âges. Les galaxies sillèrent, des cascades d'astres churent, ils virent dans le grand ciel magnétique étinceler les quadriges. Le quatrième alors, un Poète, se baissa, longuement palpa la terre. Des larmes jaillirent de ses yeux. Il parla : « O sol calamiteux ! Glèbe aux mamelles épuisées ! C'est comme si sous le suaire j'avais, de la pitié de mes mains, caressé de pauvres os méprisés d'aïeules ! »

L'INÉVITABLE RENCONTRE

L'INÉVITABLE RENCONTRE

—

A Philippe Gille.

Dans le grand port tumultueux où le bon matelot Pier Gouda, après une pénible traversée, venait de débarquer, une figure, parmi tant d'autres s'affairant en tous sens, l'intéressa.

Il avait plusieurs raisons pour la reconnaitre. D'abord, ce fut elle qui, la première, du bord où il s'employait aux manœuvres de l'entrée, lui apparut sur le quai. Un Vieux gentleman à lunettes d'or et à favoris roux d'une abondance insolite, agitait son mouchoir en le regardant avec une particulière bienveillance. C'était un de ces visages tels qu'il s'en voit dans les ports, tannés comme un cuir du buffle, saurés par les vents de mer, du poil dans les oreilles, l'aspect un peu patibulaire d'un ancien marin enrichi par des trafics illicites ou la traite de la chair noire.

Pier Gouda le revit ensuite parmi les hommes qui déchargeaient le navire, au moment précis où il manqua recevoir sur la tête un ballot de laine mal accroché par la grue. Un puissant bloc d'acajou, peu de temps après, faillit lui défoncer la poitrine, et encore une fois l'énigmatique personnage était là, le considérant d'un air à la fois sympathique et narquois. Mais Pier Gouda avait échappé à de bien autres dangers ; il disait coutumièrement que le boulet avec lequel on le coulerait à la mer n'était pas encore fondu. C'était vraiment un intrépide cœur de matelot, ce Pier Gouda.

Comme quiètement il errait, humant l'odeur des îles évaporée des hangars, il chopa contre une poutrelle et tomba sur les genoux. En se relevant, de nouveau il aperçut le gentleman aux favoris rouges. Leurs regards se croisèrent, et Gouda, cette fois, vaguement soupçonna l'avoir rencontré en un autre âge de sa vie... oh! rien qu'un soupçon, l'éveil d'une confuse image similaire, dans un lointain inappréciable.

Au long d'un chantier, un nègre et un marin anglais ensuite se disputèrent, en boxant, la possession d'une créole à la frimousse plissée et triste d'une petite guenon malade. Il passa trop près d'eux et reçut dans la mâchoire le coup de poing que l'insulaire lançait dans le thorax de l'éthiopien. Quelqu'un ricana derrière lui; il se retourna, disposé à foncer sur le rieur, et vit le Vieux gentleman très grave et qui, de la main cette fois, lui adressait un léger salut amical. Un convoi de lamentables émigrants, comme un troupeau humain, les sépara. L'étranger, de loin, continuait à le regarder d'un air de reproche.

A présent, il était convaincu qu'ils avaient été liés autrefois d'une espèce d'affection. Mais une petite ombre s'interposa; il perdit la mémoire au moment où il allait se souvenir de la date et de l'endroit, oh! il y avait longtemps, quelque part là-bas vers les pôles. Indubitablement, c'était une vieille connaissance.

Une cloche alors sonna, lente, continue, voilée comme un glas dans le brouillard. Il se trouva mêlé aux tristes émigrants. Sur le point de s'engouffrer aux flancs de l'énorme transatlantique, des femmes, des vieillards, gémissaient et ne pouvaient se résigner à quitter la terre natale où ils avaient tant souffert. Mais, quoi! était-ce bien le même Vieux monsieur aux favoris poil de renard et aux lunettes d'or qui, vers la passerelle, poussait par les épaules un de ces pauvres diables et semblait lui chuchoter aux oreilles un captieux espoir? Oh! oh! comme celui-ci d'abord se défendit de trop bien l'écouter! Comme ensuite il baisa avec onction l'humide sol, et comme tout à coup, il parut se redresser consolé, transfiguré! Mais le timon d'un fardier inopinément tamponna Pier Gouda, et, en s'écartant vivement pour ne pas rouler sous les essieux, il se retrouva face à face avec l'étrange quidam. Celui-ci détourna la tête et n'eut pas l'air de le reconnaître.

— Je l'aurai sûrement froissé, songea le digne matelot.

Pincé de titillations amoureuses, il se faufila dans un musico. Une laide gitana à rubans jaunes y grattait de la guitare et lui parut sans ragoût. Le fumet des nourritures s'évaporant par l'huis d'une taverne l'incita à de plus matérielles gourmandises. Il espéra copieusement se dédommager du pemmican abusivement ingéré pendant la traversée, en s'adjugeant une part du massif et appétissant roastbeef qui saignait derrière la verrière. En mer, durant ses inapaisables fringales, arrosées d'écœurants chaudeaux, il s'était proposé maintes fois ce régal comme un royal délice, comme une trêve inestimable à de trop durables famines.

Tanguant des épaules, balancé sur ses larges soles comme un ours arctique, il investit le hall odorant l'ale et le rôt. Proche de l'étincelant comptoir aux roses jambons et aux mûrs fromages reflétés par les glaces, une table restait inoccupée. Il y prenait place quand, à la table voisine, le vaste journal éployé derrière lequel se dissimulait un consommateur s'abaissa et lui révéla les favoris de l'inévitable Vieux gentleman. Celui-ci aussitôt détendit la mince fissure blême qui coupait sa bouche en tirelire et, se mettant à rire d'un rire très doux, sans bruit, lui offrit une main sur laquelle bridait une peau rêche de merluche.

Pier Gouda lui broya les phalanges entre ses larges paumes, réjoui de trouver à point une si ancienne connaissance en cette cantine où de ternes visages excluaient tout dessein de sympathie. Et, tandis qu'il tâchait de discerner le clignotant regard en fuite derrière les lunettes d'or, il lui parut que la ressemblance se précisait et qu'il allait enfin pouvoir se remémorer en quelles périodes de ses navigations ce visage avait cessé de lui être inconnu.

— Oh! oh! master Gouda, dit le Vieux monsieur avec une horrible grimace, je crois bien que vous m'avez un peu oublié depuis l'autre fois.

Et, se nommant:

— Docteur Goldman, ponctua-t-il d'un itératif et vigoureux shake-hand.

Non, jamais le matelot n'avait entendu parler d'un docteur de ce nom, et cependant ils avaient dû, dans le temps — mais où? en quelles latitudes ? — être une bonne paire d'amis, de ces amis qui échangent des poignées de main cordiales en de brèves rencontres et qu'ensuite disperse l'aventure marine. Quant à ce point, il ne subsistait en Gouda aucun doute. Il craignit de décourager l'obligeant partenaire en lui notifiant ses lacunes de mémoire et gaiement s'exclama :

— Goldman ! Eh !

— Goldman, oui... Le Vieux Goldman, hein ? Ah ! Ah !

Tous deux, ayant commandé de grandes pintes d'ale frais, se congratulaient, en choquant leurs étains mousseux d'écume.

— Eh ! là-bas, docteur Goldman... hein ? là-bas, répéta Pier Gouda, en se tourmentant l'esprit et s'efforçant d'abolir la mince cloison derrière laquelle se reculait encore la mémoire d'un temps qu'il se croyait plus que jamais à la minute de se rappeler.

Le Vieux monsieur, à présent, lui donnait de légers coups dans l'estomac, vraiment familier, bon enfant, s'autorisant, sans nul doute de son âge (il paraissait avoir connu autrefois la jeunesse) pour se permettre ces petites démonstrations paternelles.

— Oui, oui, là-bas, comme vous dites, master Pier. Ah! ah! il ne faisait pas toujours un temps à mettre un chien sur le pont.

— Non, je vous assure, répondait un peu vaguement le matelot en se demandant quelles circonstances spécifiait ce subtil et réticent langage.

— Depuis, master Pier, nous nous sommes souvent frôlés. Ah! ah! oui, sur mon honneur... Mais vous n'aviez pas toujours l'air de me reconnaître... Je pensais même que vous me boudiez un peu. Le diable sait pourquoi!

Pier Gouda protesta énergiquement. Non, il n'était pas de ceux qui méconnaissent l'amitié. Seulement, voilà, il manquait quelquefois de mémoire. Et, tout en s'excusant, il ne cessait pas de considérer avec attention son vis-à-vis du même œil dont il eût avué en mer une voile sillant à l'horizon. Les lunettes d'or, à présent, jetaient de petits feux derrière lesquels les prunelles semblaient s'enfoncer démesurément. Pier Gouda, pour cette manie de lui bourrer les côtes, ses grimaces de vieux sapajou qui a bu un coup de vin, et surtout le gloussement de son étrange rire en dedans, le trouvait légèrement excentrique.

A tout bout de champ, ils choquaient fortement leurs chopes; elles se vidaient, et la servante en apportait de nouvelles. Pier Gouda remarqua que la bière s'engloutissait dans le gosier de ce vieil ivrogne comme un petit niagara. Goldman, d'ailleurs, ne finissait pas de commander des nourritures généreuses, épicées; il avait un faible pour les plats saupoudrés de carry et de safran et, à chaque plat, il se frottait les mains, disait gaiement :

— Vous êtes mon hôte... Et, vous savez, cette fois, je ne vous lâche pas : vous me rendrez raison.

— Mais où donc l'ai-je déjà vu? s'affligeait le chaleureux shipman, toujours à la piste d'un indice, sans parvenir à réveiller sa mémoire indolente.

A mesure qu'ils briffaient, la jovialité du vieux Goldman croissait; Pier Gouda, de son côté, radota de vieilles histoires d'enfance. Oh! il avait toujours eu de la chance! Sa mère était morte heureusement dans son lit; elle semblait avoir attendu son retour pour mourir; il avait pu lui fermer les yeux. Lui-même cent fois avait échappé à la mort.

— Eh! eh! En effet une chance du diable, sur mon honneur! ricanait Goldman. Eh! eh! oui, comme là-bas, hein? quand nous nous rencontrions et que nous jouions de gros enjeux!

Pier Gouda fit un nouvel et énergique appel à ses souvenirs. Mais de douces, d'enchanteresses fumées les dissipaient, un fin brouillard flottait comme les matins d'été sur les eaux : il ne se souvenait pas d'avoir jamais joué de gros enjeux avec personne. Il n'apercevait plus bien distinctement non plus les favoris du Vieux gentleman.

— Oui, dit-il en riant, comme là-bas.

— Eh bien, s'écria Goldman, tout secoué par de petites quintes de rire, nous allons voir si vous l'avez toujours, cette fameuse chance. Hé! la fille, des dés! Je joue dix guinées contre une...

Il agita le cornet.

— Pair, dit le matelot.

Et il gagna les dix guinées.

— Recommençons, fit l'autre. Je joue ma

montre et ses breloques contre deux de vos dents.

— Pair !

Cette fois encore, Pier Gouda fut le plus heureux. Goldman ne se décourageait pas, semblait s'amuser beaucoup de sa veine, et les dés, coup sur coup, roulaient ; toujours le matelot gagnait.

— Recommençons, disait chaque fois Goldman avec d'effrayantes grimaces, comme s'il eût eu le dessein d'user cette chance insolente. Il joua ses lunettes d'or contre un doigt de Pier Gouda, et de nouveau il perdit.

— Oh ! oh ! pensa Pier Gouda, maintenant qu'il n'a plus ses lunettes, il me semble que je suis tout à fait sur le point de le reconnaitre. Oui, c'est bien là la tête de quelqu'un qui, plus d'une fois, m'a regardé avec ces yeux sans prunelles, avec ces horribles yeux sans regards.

— Recommençons encore... Mes favoris pour celle de vos deux oreilles qui n'est pas restée là-bas, bon Pier Gouda !

— Pair ! cria l'honnête garçon.

Goldman sacra effroyablement, puis, détachant ses favoris poil de renard, il les jeta sur la table. Pier Gouda leva les yeux et resta saisi.

— Oh! oh! dit-il, quelle lumière à présent se fait en moi! Ces favoris ne servaient qu'à vous déguiser... Maintenant je vous reconnais... Vous êtes celui que partout j'ai senti rôder autour de moi, vous êtes ma propre Mort, master Goldman.

Et il fit le signe de la croix.

Le vieux gentleman régla l'écot, puis lui dit doucement:

— S'il vous plaît, nous recommencerons une autre fois, Pier Gouda... Oui, la revanche. Peut-être alors serez-vous moins sûr de votre chance.

Il salua d'un petit coup de chapeau humble l'heureux joueur, marcha rapidement vers la porte et, comme une ombre, s'effaça derrière le léger nuage des rideaux, dans l'affairement du grand port tumultueux.

LA FUNÈBRE IDOLE

LA FUNÈBRE IDOLE

A Fernand Xau.

Plus encore que ses grilles aux lances d'or, un accès rebutant défendait le parc solitaire et royal. Du dehors, on n'apercevait qu'une double et rectiligne avenue bordée de mornes ifs en pyramide. Entre leurs parallèles infinies, des pièces de gazon s'étendaient, égales et droites comme l'ennui. Un dessein ainsi accordait à des analogies cachées les aspects préliminaires de cette résidence où d'abord paraissait régner la Contradiction. Mais à peine la laideur volontaire du paysage, en prolongeant jusqu'à l'horizon la solennité consternante de ses géométries, avait-elle fini de suggérer l'image réalisée de l'obsession, qu'un tunnel de verdure, dissimulé derrière un bois de conifères, débouchait sur un découvert aux larges rampes de marbre d'où l'on commençait seulement à pénétrer dans l'intime et noble splendeur des arbres. Des allées de chênes et de châtaigniers convergeaient en étoiles vers un bassin spacieux qu'animaient des jeux de déités marines. Le silence des eaux sous la nuit séculaire des feuilles opprimait alors délicieusement l'âme. Ensuite on se sentait allégé en pénétrant dans des jardins magnifiques arrosés d'eaux courantes et dominés par une colonnade antique. Cependant, le château toujours demeurait invisible : un calcul ingénieux, en le reculant par delà une suite étagée de terrasses, en dissimulait les approches.

A certaines heures du jour, un vieillard, grimaçant et fardé, à la démarche sautillante, s'avançait jusqu'à l'extrémité de la plus haute des terrasses, comme le ridicule fantôme d'un autre âge. Une casaque puce à boutons d'or l'habillait par dessus le satin fleuri d'un gilet où bouillonnaient les dentelles d'un jabot ; il portait les bas et la culotte et s'appuyait sur une longue canne à pomme d'or. L'étrange rait la présence d'une femme au château : ma joie en fut d'autant plus grande. En dérobant cet étrange mystère, je m'appropriais le corps incomparable dont mon novice et ingénu désir buvait la Beauté et en même temps s'effarait de violer l'amoureuse retraite. Je ne vécus bientôt plus que du plaisir d'approcher sans cesse du merveilleux trésor qui se souciait si peu d'être défendu ; une fièvre de langueur me minait tout le temps que je passais loin du bienheureux escalier.

Pendant près d'une semaine je fus, sans concevoir encore le sens d'une telle antinomie, l'amant privilégié que l'indifférence d'une amante comble du plus dangereux délire. Il sembla qu'en cette demeure du silence et des ombres, un charme la fît éternellement dormir, à moins que la volupté du sommeil, au cœur du brûlant été, ne lui persuadât un mol abandon parmi le délaissement des chambres. Chaque fois, je la retrouvais parée des seuls sortilèges de sa royale beauté, semblable à une de ces nymphes succulentes et grasses que plus tard je savourai chez Titien. Son visage, toutefois, continuait à me demeurer secret; je ne voyais que le ruissellement lourd de sa chevelure, comme la mûre toison d'un champ, cependant qu'autour de l'alcôve s'amassaient de toujours neuves et fraîches floraisons. Je ne doutai plus qu'un culte secret ne l'exaltât par ces hommages; je ne fus pas éloigné d'y rattacher la constance avec laquelle, chaque matin, le duc lui-même descendait aux jardins moissonner les emblèmes.

Une après-midi, comme, à pas subtils, je m'approchais, la frêle barrière de la porte vitrée cessa d'exister pour ma jeune démence. Une main l'avait ouverte; j'osai, tout transi d'affres, avec un effrayant battement de cœur, hasarder un pas dans la chambre. La distance qui me séparait de l'alcôve me parut d'abord vertigineuse; l'excès même de mes angoisses ensuite me donna la force de la franchir; et enfin je n'eus plus qu'à me pencher pour contempler le sommeil de cette divine princesse. Une paix immense égalisait les soies lumineuses de sa chair; nul souffle perceptible n'altérait son immobilité. Toute vie sembla s'être si profondément évanouie en elle que je n'avais plus sous les yeux que le symbole inanimé du repos.

Mes épaules à demi entrèrent dans l'alcôve et je ne sais encore comment je ne tombai pas, comment il me fut possible de me sauver par le labyrinthe des couloirs, après la vision épouvantable qui, subitement, à la créature de désir et d'amour substitua le simulacre sacrilège d'une poupée cousue dans de la peau de femme. Un leurre de chevelure vivante, simulée par les torsades blondes d'une perruque, ondoyait par dessus les lisses rondeurs d'un crâne anciennement déterré. Et deux œillets écarlates, piqués dans les orbites, ressemblaient à des prunelles éclatées et sanglantes. Il m'apparut que je venais de voir la Mort-Femme. Je roulai jusqu'au bas de la tour, et ensuite je demeurai sans vie sur les dalles. Un des domestiques, passant par là, me découvrit et me porta chez la femme du maître de chapelle. Ni elle, ni aucune des personnes du château, jamais ne connut la cause pour laquelle mon visage, pendant des mois, garda sa pâleur.

Ce ne fut que longtemps après que je compris l'analogie qui, en ce château plein de conjectures, régnait entre les apparences et le mystère. L'ordonnance mortuaire des accès, les chemins compliqués et clandestins, l'allégorie des corbeilles prirent un sens qui s'accorda au morbide et nostalgique bonheur du vieillard, spectre idolâtre d'une ombre. Et je ne vis plus dans toute cette galanterie funèbre que le goût des baisers impossibles pour une image où peut-être en revécut une autre que la mort, en ce cœur immuable, ne vint pas à bout de décomposer.

FIN

TABLE

Laodice	1
Ombres Amoureuses	17
Le Jardin de la Mort	31
L'Ame captive	43
La Morte vivante	55
L'Ombre nuptiale	69
Le Sens du Mystère	81
Les Yeux du Pauvre	91
Le Sacrifice	105
L'Amour vainqueur de la Mort	119
Le Succube	135
Le Saint lapidé	149
L'Ame des Foules	159
La Communion amoureuse	171
M'Ami	185
Les Rois	197
Le Bienfait pardonné	213

TABLE

La Femme au bonnet vert 233
Le Passant providentiel 255
L'Heure hallucinante 267
L'Inévitable rencontre 277
La Funèbre Idole 291

Imprimerie générale de Châtillon-sur-Seine. — A. Pichat.

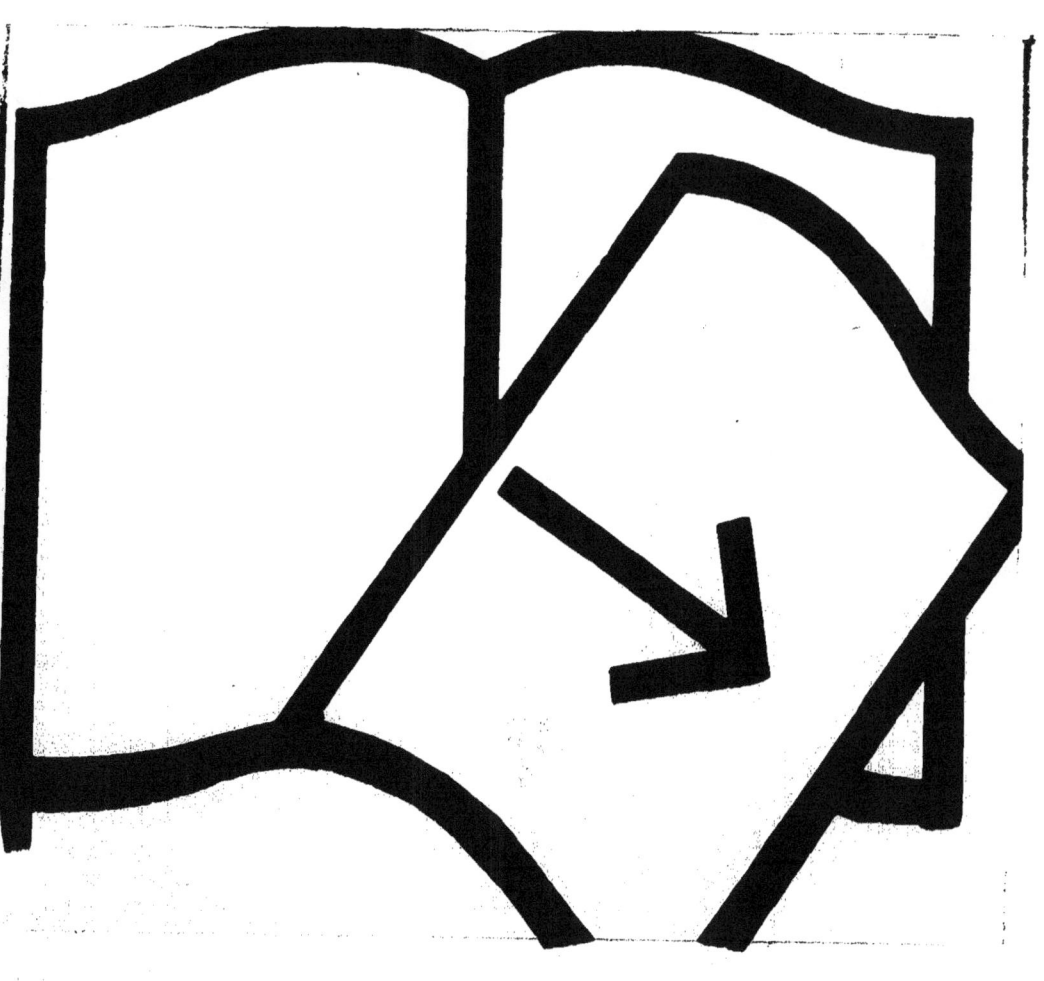

ent.com/pod-product-compliance
LC

'1815